本书系山东经济社会发展委托课题"山东省地方高校发展战略研究"(18-JS-05)、山东省社会科学规划研究重大委托项目"山东省教育发展战略研究"(18AWTJ57)研究成果

山东省地方高校发展战略研究

王坦　徐梅　等◎著

中国海洋大学出版社

·青岛·

图书在版编目(CIP)数据

山东省地方高校发展战略研究 / 王坦等著. —青岛：
中国海洋大学出版社，2020.9

ISBN 978-7-5670-2603-2

Ⅰ.①山…　Ⅱ.①王…　Ⅲ.①地方高校—发展战略—
研究—山东　Ⅳ.①G649.21

中国版本图书馆 CIP 数据核字(2020)第 198397 号

出版发行	中国海洋大学出版社		
社　　址	青岛市香港东路 23 号	**邮政编码**	266071
出 版 人	杨立敏		
网　　址	http://pub.ouc.edu.cn		
电子信箱	appletjp@163.com		
订购电话	0532—82032573(传真)		
责任编辑	滕俊平	**电　　话**	0532—85902342
印　　制	日照日报印务中心		
版　　次	2020 年 11 月第 1 版		
印　　次	2020 年 11 月第 1 次印刷		
成品尺寸	170 mm×230 mm		
印　　张	10.75		
字　　数	200 千		
印　　数	1~2000		
定　　价	37.00 元		

发现印装质量问题，请致电 0633—2298958，由印刷厂负责调换。

序

　　老朋友、山东省教育厅主管高等教育的原副厅长王坦教授领导聊城大学高等教育研究院研究团队完成了山东经济社会发展委托课题"山东省地方高校发展战略研究",写出了书稿《山东省地方高校发展战略研究》,嘱我为之写几句话。尽管我最近一段时间活动非常密集、繁忙,但我没有丝毫犹豫就答应了。这主要基于两个原因:其一,我对王坦教授和聊城大学高等教育研究院研究团队是了解的。王坦教授是一位有智慧的领导,他在任职期间尊重学术,信任学者,致力于为高校改革发展创造宽松的环境。聊城大学高等教育研究院有一支精干的研究团队,他们专注于高等教育学术研究,勤力为聊城大学和山东省高等教育改革发展服务。我知道他们开展了这项研究,还从他们的研究中得到过重要的启发。其二,我担任山东省高等教育专家咨询委员会委员,近20年来,奔走于山东省各地的高校,到过大多数本科高校和部分高职高专院校,向学校领导和老师们学习,为学校发展进行咨询参谋、献计献策,与山东省的高校结下了深深的不解之缘。所以,听说王教授领导团队完成了研究、拿出了研究成果,我抑制不住喜悦,爽快地答应了他们的要求,以先睹为快。

　　山东是人口大省、经济大省,是高教大省,也是高教强省。尽管山东高教界的很多朋友并不承认山东是高教强省,但在我看来,全国除了江苏、湖北、陕西、北京、上海等少数几个省市外,山东是全国少有的各级各类高校数量多、体系庞大的省份,不仅有山东大学、中国海洋大学和中国石油大学(华东)三所部属高校,而且省属高校中综合大学、科技(理工)大学、农业大学、师范大学、医科大学等各有若干所,这在其他省市是少有的。据统计,2019年,山东省有高校157所,其中,普通高校146所,成人高校11所;全省高等教育在校生(包括研究生、普通本专科和成人本专科)总规模达到285.46万人,在校研究生达 11.46 万人,其中,博士生为 1.19 万人。庞大的高等教育体系满足了山东人民的需要,支持了山东省的经济社会发展,推动了山东省的文明进步。

山东省人口多,经济体量大,财政收入却并不宽裕。尽管省市各级政府尽其所能为高校发展筹措资金,但与数量众多的高校发展所需相比,可谓杯水车薪。据统计,2019 年,山东省常住人口为 10070.21 万人,实现地区生产总值(GDP)为 71067.5 亿元,人均生产总值为 70653 元,按年均汇率折算为10242 美元;省级一般公共预算总收入为 6526.6 亿元,省级一般公共预算支出为 10736.8 亿元。同样为人口大省、经济大省的广东省,情况就大不一样。2019 年,广东省常住人口达 11521.00 万人,实现地区生产总值(GDP)107671.07 亿元,人均生产总值为 94172 元,按年均汇率折算为 13651 美元;省级一般公共预算总收入为 7509.57 亿元,省级一般公共预算总支出为7126.53 亿元。另据教育部、国家统计局、财政部发布的 2019 年全国教育经费执行情况统计公告,2019 年全国教育经费总投入首次超过 5 万亿元,国家财政性教育经费首次超过 4 万亿元,占 GDP 的比例为 4.04%。其中,广东省一般公共预算教育经费达 3217.77 亿元,位列全国第一,也是全国唯一突破 3000 亿元的省份。毫无疑问,与广东省相比,山东省高校喊穷是有原因的。资金不足已成为制约山东省高校发展的瓶颈问题之一。

资金是个问题,但山东省高校并没有因为资金不足而停下发展的脚步。我知道很多高校领导在经费十分困难的情况下,内挖潜力,外拓新源,致力学校改革创新发展。更重要的是,不少高校的书记和校长以强烈的责任感和使命感,抓住高等教育发展难得的机遇,为学校擘画了发展蓝图,制定了雄心勃勃的战略目标,开辟了学校新的发展格局。也正因为如此,山东省高校的发展并没有落伍,山东省高等教育的发展满足了全省人民群众的巨大需求,为山东省的经济社会发展造就了一代又一代扎根齐鲁大地的高级专门人才,为山东省的现代化建设做出了历史性的贡献。

山东是文化繁盛之地,是经济升级发展之地,是科技创新之地。未来山东省的经济社会和文化科技创新发展对高等教育的需求会更多、更大,山东人民对高等教育的要求将更多、更高,山东省还应该为国家经济社会发展现代化担负更多、更大的责任，所以，山东省高校未来的发展空间广阔，前景光明。整体上，山东省高校有必要全面升级发展。不论是本科高校还是高职高专院校，都需要以先进的办学理念为指引，转变发展模式，升级办学体系，创建更高水平、更高质量的校园文化生态。这就需要有新的发展战略。

山东省的高等教育布局有自己的特点。总体来看，山东省中东部高校较密集，尤其是济南、青岛和烟台形成了山东省高等教育的"三极"。"三极"高校不但在当地有重大影响，而且对周边地区有重要的辐射作用。毫无疑问，"三极"高校还需要成长。与此同时，应当看到，山东省西部从南到北建立了一批本科高校和高职高专院校，但与"三极"高校相比，其数量少、条件差，水平相对较低，差距较大，西部高校整体上发展基础薄弱，得到的发展支持更少，发展处境更艰难。这个问题不只是山东省西部高校的问题，更是全省高等教育整体发展的问题。一方面，山东省西部高校要自强，坚定不移地扎实推进自身发展战略；另一方面，省委省政府应当把西部高校发展列入党和政府的议事日程，特事特议，一校一策，弥补山东省高等教育布局的短板，全面提高全省高等教育的整体办学水平。

《山东省地方高校发展战略研究》一书从山东省高等教育提质增效、高质量发展需要出发，基于历史、现实和国内外高校比较研究，提出了山东省地方高校发展战略的建议。他们的研究有理论有事实，有经验有预判，特别值得一提的是，他们立足全省高等教育发展需要展开研究，并不拘泥于一时一校，因此，所提出的战略对策建议有较强的针对性。比如，所提出的实施"鲁西高等教育支持振兴计划"的建议就非常有见地。唯一令我感到遗憾的是，研究者可能基于问题导向思维，对过去一个时期山东省高校改革发展的经验总结不够充分，这是在进行后续研究的时候需要注意的。不过，瑕不掩瑜，这项研究是比较圆满的，研究结果和结论都值得有关方面重视。

是为序。

别敦荣

2020 年 10 月 30 日于成都锦江宾馆

目 录

第一章　导言 / 1

　　第一节　问题的提出 / 1

　　第二节　国内外研究现状 / 3

　　第三节　研究意义和研究思路 / 11

　　第四节　研究特点 / 13

　　第五节　研究方法 / 13

第二章　山东省地方高校发展战略理论分析 / 15

　　第一节　核心概念界定 / 15

　　第二节　高校发展战略相关理论概要 / 26

　　第三节　地方高校发展的影响因素分析 / 36

第三章　山东省地方高校的发展现状及困境 / 53

　　第一节　山东省地方高校发展的 SWOT 分析 / 53

　　第二节　山东省地方高校发展战略问题分析 / 63

第四章　山东省地方高校发展战略要素分析 / 67

　　第一节　高校发展战略要素的界定 / 67

　　第二节　山东省地方高校发展的内外部环境 / 68

　　第三节　山东省地方高校办学理念与定位 / 78

　　第四节　山东省地方高校的发展路径和行动策略 / 83

第五章　国内外地方高校发展战略案例分析 / 90

　　第一节　国外一流区域性大学发展战略成功案例 / 90

　　第二节　五邑大学和扬州大学发展战略个案研究 / 97

　　第三节　我国地方高校发展省级数据比较 / 104

第六章　山东省地方高校发展战略的优化对策 / 116

　　第一节　山东省地方高校发展战略原则 / 116

　　第二节　山东省地方高校发展战略实施 / 120

　　第三节　山东省地方高校发展战略的重点突破:实施"鲁西高等教育支持
　　　　　　振兴计划" / 134

参考文献 / 138

附录一　山东省高等学校一览表 / 150

附录二　山东省地方高校发展战略研究访谈提纲 / 157

后记 / 158

第 一 章

导 言

第一节　问题的提出

在我国高等教育生态体系中,地方高校数量占比超过 95％,成为我国高等教育的主体部分和中坚力量。截至 2020 年 6 月,山东省共有普通高校 152 所,其中地方高校 149 所,[①]占比近 98％,长期以来为国家和山东省经济社会发展提供了源源不断的人力与智力支撑,成为山东省区域经济社会发展的重要"人才库"和"创新源"。当前,我国经济发展正由高速增长阶段进入高质量发展阶段,山东省也实施了新旧动能转换重大工程等八大战略,全力推进全省经济高质量发展。在此形势下,如何使地方高校与地方经济社会发展形成良性互动,有效服务地方经济高质量发展,已成为政府和高校共同关注的热点,而科学谋划地方高校发展战略,对高校和区域经济社会发展具有十分重要的意义。

一、新时代要求地方高校必须做出新的战略选择

习近平总书记视察北京大学时的重要讲话中就高等教育强调了四个"重大论断":高等教育是一个国家发展水平和发展潜力的重要标志;党和国家事业发展对高等教育的需要,对科学知识和优秀人才的需要,比以往任何时候都更为迫切;培养社会主义建设者和接班人是各级各类学校的共同使命;走内涵式发展道路是我国高等教育发展的必由之路。[②] 在全国教育大会上,习近平总书记提出,"教育是民族振兴、社会进步的重要基石,是功在当代、利在千秋的德政工

[①] 教育部. 全国高等学校名单[EB/OL]. http://www.moe.gov.cn/jyb_xxgk/s5743/s5744/202007/t20200709_470937.html.

[②] 徐倩,聂铭静,杨文轶,等. 2018 中国高等教育十大关键词[N]. 中国教育报,2018-12-24(05).

程,对提高人民综合素质、促进人的全面发展、增强中华民族创新创造活力、实现中华民族伟大复兴具有决定性意义。教育是国之大计、党之大计"。这些重大论断和重要论述,指明了高等教育面临的新形势、新任务、新定位、新发展,党和国家对高等教育的期待前所未有,高等教育面临的重大机遇前所未有,"高等教育的地位作用变了,对国家经济社会发展的作用已经从基础支撑转变为支撑引领并重,成为可持续发展的最大红利和牵引动力;发展阶段变了,高等教育即将迈入普及化阶段,开始成为每个人职业生涯的'基础教育';类型结构变了,按照国家主体功能区战略定位,多样化发展已成为高等教育最显著的特点;舞台坐标格局变了,中国高等教育已经在世界舞台、国际坐标和全球格局中谋划发展与改革,参与竞争与治理"①。面对新时代的新要求,各级各类高等学校尤其是地方高校,需要做出新的战略选择,进行科学的顶层设计与谋划。

二、山东省实现经济高质量发展要求地方高校必须做出新的战略选择

习近平总书记要求山东省"在社会主义现代化建设新征程中走在前列,全面开创新时代现代化强省建设新局面"。山东省认真贯彻落实习近平总书记视察山东重要讲话和对山东工作的重要指示批示精神,突出顶层设计,谋篇布局,提出了新旧动能转换等八大战略布局,强势推进乡村振兴和"鲁西崛起",为地方高校提供了新的发展机遇,同时也对其提出了新的要求。从高校职能看,地方高校的人才培养、科学研究、社会服务、文化传承与创新、国际交流等都需要根据山东省发展战略要求,发挥相应的作用,为山东省经济社会高质量发展提供数量充足的高层次人才和持续不断的创新动力。因此,新形势下,科学谋划山东省地方高校发展战略是贯彻习近平总书记视察山东重要讲话和对山东工作的重要指示批示精神,实现走在前列目标定位,推动现代化强省建设的必然要求;是适应山东省实施八大战略布局等高质量发展的必然要求。

三、山东省高等教育高质量发展要求地方高校做出新的战略选择

2015年10月,国务院颁布《统筹推进世界一流大学和一流学科建设总体方案》(简称《总体方案》),决定实施"双一流"战略。这是党中央、国务院做出的重

---

① 教育部.关于印发教育部高等教育司2018年工作要点的通知[EB/OL].http://www.moe.gov.cn/s78/A08/tongzhi/201803/t20180327_331335.html.

大战略决策,对于提升我国教育发展水平、增强国家核心竞争力具有十分重要
的意义。"双一流"不是一个简单的排行榜,它具有风向标的作用,体现了国家
对高等教育的政策导向,对高校办学定位、学科专业建设、评价体系等都将产生
重要影响,为高校加快发展注入了新的动力。与以往国家教育政策把发展重心
放到"985工程""211工程"高校上所不同的是,"双一流"战略的目的是国家高
等教育质量整体的提升,这为地方高校的发展提供了政策支持。但是,国家第
一轮"双一流"建设名单公布的42所高校、95所高校465个学科中,除山东大学
等三所驻鲁部属高校的六个学科外,山东省省属高校无一入选。从入选数量上
看,山东省排在第15位,而江苏、四川、陕西等省份进入前五位。这一结果,与
山东省经济文化强省建设目标不相匹配,与加快新旧动能转换的战略布局不相
匹配,也与习近平总书记对山东"走在前列"的要求不相匹配,但它却是山东省
高等教育状况的真实反映。当前,山东省地方高校面临一些亟待解决的现实困
境与问题。宏观层面:地方高校整体发展质量与山东省经济文化强省建设目标
不相匹配;整体布局不尽合理,发展不平衡、不充分等问题较为突出;分类发展
不够科学,学校定位不准,贪大求全、过度同质化现象较为普遍,不能很好地凸
显地方高校的特色与优势;政府促进高校发展的政策供给不足,高校发展资源
匮乏,资源依赖与资源不足成为约束地方高校发展的一对矛盾。微观层面:高
校内部治理结构不尽科学合理;内涵发展从理念到结构还存在一定偏差;教学、
科研、社会服务等职能的发挥与经济社会发展需要之间还存在一定差距,供需
结构性矛盾仍然突出等。这些问题,既有政府对高校战略布局方面的问题,也
有高校自身发展战略方面的问题。因此,无论从政府的视角还是从高校自身发
展的需要出发,山东省地方高校都需要根据山东省的战略布局和战略重点做出
新的战略选择。基于此,本书作为山东经济社会发展委托课题"山东省地方高
校发展战略研究"(18-JS-05)、山东省社会科学规划研究重大委托项目"山东省
教育发展战略研究"(18AWTJ57)的重要组成部分,对山东省地方高校发展战
略进行了深入探究,以期对山东省高等教育高质量发展发挥积极作用。

第二节 国内外研究现状

本书主要从政府与高校两个维度研究地方高校发展战略。影响地方高校
发展战略的因素有许多,本书聚焦当前山东省地方高校发展中存在的问题,从

地方高校发展与区域经济社会发展的关系、地方高校分类发展、地方高校区域
布局、政府高等教育政策供给、地方高校发展战略等方面进行研究。纵观国内
外研究文献,既有研究主要围绕以下问题进行。

一、地方高校与经济社会发展的关系研究

地方高校在我国高校中数量众多,占比巨大,已经成为我国高等教育的主
力军,长期以来为区域经济社会发展做出了突出贡献。高校的社会职能包括人
才培养、科学研究、服务社会、文化传承和创新、国际交流合作等,这些社会职能
决定了为地方经济社会发展服务是高校的自觉使命和应尽责任;同时,高校亦
可以从服务地方经济社会发展中获得促进自身发展的不竭动力。已有研究主
要围绕地方高校与经济社会发展互相支撑、互相促进展开,认为地方高校和区
域经济建立良好互动的发展关系,是促进两者共同发展的必由之路。应建立完
善地方高校和区域社会合作机制,使两者能够互惠互利、合作共赢。①

在地方高校支撑经济社会发展上,潘懋元强调,高等教育要适应地方经济
发展,为地方经济服务,使之成为地方的文化科学中心;作为地方高校,其重要
使命就是服务区域经济,帮助所在地区解决社会问题,为当地的社会经济发展
提供人才支撑、技术支撑和文化支撑。② 谢安邦等认为,地方高校的发展,必须
针对本地区经济社会发展的水平和特点,为本地区经济建设服务,形成各自的
特色,更好地促进本地区的科技、经济、社会的协调发展,高等教育要融入区域
经济建设。③

在经济社会发展支撑地方高校发展上,王健力认为,地方高校只有坚持服
务社会的办学方向,促进地方经济和社会发展,才能获得生存的基础和进一步
发展的动力。④ 刘健认为,区域社会经济发展对人才的需求是区域高等教育的
出发点,也是原动力,"立足地方、服务社会"是地方本科院校的立校之本、发展
之基。⑤ 管天球等强调,地方高校要想有较大、较快发展,必须坚持把促进当地

① 李霞,张皓. 略论地方高校与地方政府、区域社会的合作交流[J]. 教育与职业,2014(10):30.
② 潘懋元. 关于中国高等教育地方化的理论探讨[A]//潘懋元高等教育文集[C]. 北京:新华出版社,
1991:78.
③ 谢安邦,唐安国,戚业国. 中国高等教育研究新进展:2002[M]. 上海:华东师范大学出版社,2003:95-
96.
④ 王健力. 树立现代办学理念,坚持服务社会的办学方向——新建地方多科性院校办学的几点思考
[J]. 中国高教研究,2003(7):24.
⑤ 刘健. 正确定位培养适应区域经济发展要求的应用型本科人才[J]. 中国高教研究,2004(8):49.

经济社会的发展作为自己义不容辞的责任,坚持走"以服务求支持,以贡献求发展"之路。① 王旭东强调,地方高校社会服务的价值不仅体现在高校直接为地方服务,更体现在高校将社会服务成果运用到自身人才培养、科学研究和文化传承创新之中,借以提高自身的办学水平。②

二、地方高校分类发展研究

国外政府通过多种手段对院校进行分类管理,以提升高等教育系统的多样性、促进各类院校发展。制度层面主要是运用法定的刚性政策工具,如主导宏观组织结构调整的系统规划,涉及学术型与职业型机构、精英型与大众型机构设置的高等教育体制架构,甚至直接干预创办新机构或改造旧大学。政策层面侧重院校分化促进政策和激活机制的软性政策,旨在挖掘已有院校的职能,通过传导政府意愿和环境压力促进院校内部办学要素整合和使命转型;或者引入市场机制,运用资源导向政策激发院校内涵式发展和组织变革,催生新机构。③国外对高等学校分类办法的研究比较多,比较有代表性的高等教育机构分类法有"国际教育标准分类法"、美国卡内基教学促进基金会的"高等教育机构分类体系"和英国"研究评估分类法"。④ 这些分类法各有特点,为我国高等学校的科学定位和分类发展提供了一定的参考依据。整体来看,国外关于高等教育分类法的研究主要呈现出两大特征:一是与时俱进,由于高等学校的结构和实际发展需求在不断变化,所以高校的分类方法必须根据高等教育的发展变化进行调整,构建起满足多元化发展需要的分类模式;二是定性与定量分析相结合,高等教育大众化及其分类功能的拓展,使高等教育分类法从最初是对高等教育及机构进行认识与理解的方法论发展成定性与定量相结合的应用于管理、比较、统计的政策或技术工具。⑤

国内关于高等教育分类与定位的研究多采用文献研究和案例研究。王义遒等学者认为,高校定位出现的问题集中表现为对高层次、综合性、研究型的盲目追求,缺乏特色,呈现"过分趋同"倾向;赵庆年、何超等学者则分别从学校、社会、政府三方面分析了导致定位难的原因;冯向东等学者认为,高校定位的主体

① 管天球,等. 学研产结合:新建本科院校的发展之路[J]. 中国高等教育,2004(22):42.
② 王旭东. 地方高校通过社会服务提高办学水平[J]. 中国高等教育,2015(3/4):56.
③ 雷家彬. 高校分类管理制度与政策:国外经验与启示[J]. 中国高教研究,2019(7):47.
④ 陈厚丰. 国外高等教育分类研究述评[J]. 高等教育研究,2007(9):15-16.
⑤ 上官剑. 高校定位中的错位与越位[J]. 黑龙江高教研究,2007(4):19.

是高校自身,而不是"被设计"的,因此他们提倡自主性定位法;陈厚丰认为,"自生秩序并非灵丹妙药,分类引导不等于管制,高校定位离不开高校分类,高校定位机制是自生秩序与分类指导的有机结合"①。在高校分类方法研究方面,国内最具有代表性的高校分类法有四种:一是潘懋元教授按照人才培养的类型与层次把高校分成研究性大学、专业性大学或学院、专科学校或高等职业学院;二是武书连按照科研规模大小将大学划分为研究型、研究教学型、教学研究型、教学型四类;三是陈厚丰根据高校的社会职能,建立了三维分类框架,共计 108 种高校类型与层次;四是马陆亭根据社会需求多样化以及人才成长的客观规律,构建了"两种类型+四个层次"的分类标准。② 此外,宋伯宁等学者对山东省高等学校的分类进行了研究,通过对山东省高等教育的布局、结构和规模等现状进行分析,对山东省高等学校如何建立科学的分类评价体系提出了对策建议;宋尚桂等学者对高校分类管理的政策进行了研究,从理论上阐述了高等学校分类管理的基本含义以及开展分类管理的主要内容和意义。还有一些学者提出了具有参考价值的分类标准和体系,但是,大多数分类标准或单一或复杂,其科学性和合理性值得商榷。③ 山东省于 2019 年出台了《山东省本科高校分类考核实施方案(试行)》,定性与定量考核相结合,根据不同类型高校的特点,分类设计考核权重和考核内容,对高校科学定位、分类发展具有一定的引导作用;但与上海推行的"十二宫格"分类法相比,其分类方法还是相对单一,能否充分激发高校的潜能,引导高校个性发展、充分发展,还有待于实践的进一步验证。

近年来,地方高校同质化严重,政府应加强对地方高校分类发展的政策引导,使不同类型学校在不同层面、不同方向科学定位,实现个性发展和特色发展。地方高校分类发展需审视学校外部环境及需求的变化和学校自身的优势、特点,通过政府加强分类指导与学校准确定位相结合,协同进行。④

三、地方高校区域布局研究

高等教育的分布结构是指高等教育机构在地区分布上的构成状态,高校在各地的数量分布状况,不同形式和不同等级高校的分布,不同科类专业的分布,

① 陈厚丰. 中国高等学校分类与定位问题研究[M]. 长沙:湖南大学出版社,2004:51.
② 马陆亭. 高等学校的分层与管理[M]. 广州:广东教育出版社,2004:113.
③ 李娜. 地方普通本科院校办学定位及其分类发展研究[D]. 桂林:广西师范大学,2012:5-6.
④ 杨科正,王富平. 分类与定位:地方普通高校转型发展的前提和关键[J]. 黑龙江高教研究,2015(9):22.

构成高等教育整体的布局。① 高等学校的合理布局不仅可以优化院校设置,促进我国高等教育的协调、可持续发展,而且对区域经济增长的推动作用毋庸置疑。②

《国家中长期教育改革和发展规划纲要(2010—2020 年)》将优化高等教育布局结构作为重要内容,这同样是我国建设高等教育强国的重要战略举措。习近平在 2018 年 9 月召开的全国教育大会上也特别强调"要提升教育服务经济社会发展能力,调整优化高校区域布局"。韩梦洁分析了美国高等教育布局结构的变迁状况,指出人口规模、政府支持、经济收入等因素是推动高等教育布局结构变迁的重要力量,提出对于我国而言,推动高等教育布局结构调整,实现区域高等教育协调发展,一方面应高度重视市场机制的作用,另一方面也需要发挥政府调控的功能,在保持现有发展优势的基础上确立高等教育布局结构自我调整的长效机制。③

从历史的经验看,中华人民共和国成立后,历次高等教育布局的重大调整,都是在国家行政手段指导下进行的。④ 研究显示,1991—2007 年我国的高等教育布局明显好于 1949—1991 年,表明国家越来越趋向于按人口分布来配置高等教育资源,20 世纪 90 年代开始高等教育的调整幅度要大于 80 年代,且呈现出较明显的阶段性;高等教育布局与区域经济发展之间的关系经历了不协调—协调—不协调三种态势,要促进区域经济和社会的可持续发展,逐渐缩小区域差距,需要政府、高等教育机构和大学生的共同参与和密切配合。⑤ 随着近几年国家重视高等教育的布局问题,我国高等教育的布局结构整体上得到了优化,基本上与区域经济发展保持了较高的适应性,但是从区域经济发展和高等教育资源分配的角度看,我国高等教育布局结构却呈现出外部均衡、内部非均衡,整体均衡、区域非均衡的现状。⑥ 目前来看,我国高校区域分布依然呈现出东、中、西部发展不平衡的现象,经济发展越好的区域(大中城市)高校数量越多、层次

---

① 潘懋元,王伟廉. 高等教育学[M]. 福州:福建教育出版社,2007:72.
② 任志安,韩永强. 高校区域布局的现状及其问题分析[J]. 中国经验研究,2013(11):243.
③ 韩梦洁. 美国高等教育布局结构的历史变迁、现实状况及其影响因素[J]. 高等教育研究,2018(12):102.
④ 马陆亭. 高校布局越来越广泛是世界高等教育发展的规律[N]. 文汇报,2016-11-18(06).
⑤ 谢永飞,黄蛟灵. 高等教育布局与区域发展研究——对 20 世纪 90 年代以来高等教育布局的分析[J]. 现代教育管理,2011(3):28.
⑥ 李硕豪,魏昌廷. 我国高等教育布局与区域经济相关性研究[J]. 国家教育行政学院学报,2010(12):33.

越高,这种状况也出现在山东省。已有研究较多集中于研究我国高校整体区域布局,聚焦于某一区域的地方高校布局的研究不多。其实,地方高校与区域发展关系更为密切,地方高校的布局对区域发展的影响更为显著,应把平衡发展作为当前高校区域分布的首要原则,尽快形成与区域经济社会相适应、平衡发展的地方高校布局结构,将其作为促进区域发展的重要动力和经济增长点。

四、政府高等教育政策供给研究

现代政府的基本教育职能之一是供给保障教育公平的有效率的教育政策,并做出相应的教育制度安排。①

世界各国政府都很重视高等教育政策的制定与实施。以英国为例,2016年6月英国公决"脱欧"后上台的新政府努力推动《高等教育和研究法案》,体现了新一届政府对高等教育的重视。该法案体现了高等教育改革的核心内容:放宽市场准入,创造更多的市场竞争,公开信息帮助学生做出选择,增加大学入学机会,促进社会阶层的流动;实施教学卓越框架,追求卓越的教学、科研质量,确保学生在高等教育的投资上物有所值;改革管理体制,加强研究和创新。② 这些政策为激发英国高等教育的新一轮发展打了强心剂。

我国高度重视高等教育发展,通过一系列高等教育政策指导、规范高校健康发展。许多学者从历史变迁、文本分析、伦理向度等不同角度研究了我国高等教育政策。祁占勇、李莹将改革开放40年中我国高等教育政策的变迁划分为以全面重建为中心的初步建设阶段(1978—1991年)、以结构优化为抓手的规范发展阶段(1992—1998年)、以规模扩张为动力的繁荣发展阶段(1999—2010年)和以内涵建设为重点的深刻变革阶段(2011年以来)四个阶段③,每个阶段各有侧重。康宁等通过对我国2007—2017年的高等教育政策文本进行分析,归纳出这十年中我国高等教育政策制定的四个特征:中央政府通过政策性文件配置资源的方式在数量比重与体制分类结构比重上占主导地位;越倾向高校内部管理的事务、由基层或市场配置的事务,中央层面的文件越趋向于多个部门协调;教育行政性审批文件仍然占据一定比重,且在学校微观管理上占据不小

---

① 刘复兴. 政府的基本教育责任:供给"公平"的教育政策[J]. 北京师范大学学报(社会科学版),2008
(4):5.
② 马万华,匡建江. 英国高等教育政策改革趋势[J]. 中国高等教育,2018(2):61.
③ 祁占勇,李莹. 改革开放40年来我国高等教育政策的演进逻辑与理性选择[J]. 高等教育研究,2018
(4):17-19.

的空间;尚未发布关于教育政策评估的制度。[①] 王丽娟、曲铁华认为,德性、规范、实践伦理是高等教育政策的基本伦理维度,在价值、事实和实践组成的三维时空中,高等教育政策应分别遵循平等与公平、效率与秩序和创新与和谐的伦理原则,德性、规范、实践伦理三者有机统一,相依相促,构成"一体两翼"跃动型立体结构,共同推动和维持高等教育政策的良性运行。[②] 吴高照对高等教育政策中重要的高等教育经费政策做了研究,认为高等教育经费政策将在市场竞争机制配置资源、维护高校办学自主权、推动高等教育区域均衡等价值观引领下,在拨款咨询委员会、绩效拨款、培养成本核算、学费价格听证、金融工具运用等诸多方面加以完善。[③]

有关政府的高等教育政策研究的文献较丰富,但少有聚焦于政府对高等教育政策供给研究的。政府对高等教育的政策供给存在与需求之间不平衡、不充分的问题,但以此为角度进行政策研究的成果亦不多,这正为本书提供了新的研究空间。

五、高校发展战略规划研究

"高校发展战略规划"是在 20 世纪 70 年代从商业领域引入高等教育的一个概念。寇普教授(Cope)在《机遇来自实力:战略规划案例研究》一文中指出,高校发展战略规划是"一种开放的系统论,指引着院校在前进道路上顺利地通过各种变化莫测的环境。它是一种行为,对未来外部环境状况可能引起的问题预先提出解决方案;它也是一种手段,在持续的资源竞争中用来争取有利地位。它的主要目的是把院校的前途和可预见的环境变化联系起来,使资源的获得快于资源的消耗,从而能够成功地完成院校的使命"。我国高校发展战略规划就是要在科学分析我国现代化建设大局、准确把握时代发展潮流的基础上,结合学校自身的实际情况,对关系学校改革与发展的重大问题做出系统的规划,包括学校的战略目标、战略思想、战略举措等战略性的内容。[④]

国外高校关于发展战略规划的研究起步较早、成果丰硕。国内高校关于发

---

① 康宁,张其龙,苏慧斌. 从近十年国家出台的文件看我国高等教育政策制定[J]. 复旦教育论坛,2018 (5):29-30.
② 王丽娟,曲铁华. 论高等教育政策三维伦理向度[J]. 黑龙江高教研究,2016(2):24.
③ 吴高照. 改革开放以来我国高等教育经费政策演变分析[D]. 金华:浙江师范大学硕士学位论文, 2013:6.
④ 周济. 谋划发展,规划未来[J]. 中国高等教育,2003(1):4.

展战略规划的研究起步比较晚,尽管在较短的时间内取得了较多的研究成果,但整体上研究比较零散、不全面,对增强我国高校管理人员对科学制定发展战略规划重要性的认识和提高科学制定发展战略规划的水平作用不明显。[①] 与国外研究相比,在研究目标上,国内研究偏向基础理论研究,利用跨学科理论聚焦现实问题的研究较少,解决具体问题的实践性和可操作性不强;在研究方法上,国内研究主要用文献综述法以思辨方式展开,方法较为单一,鲜见定量研究,利用多种模型与算法开展实证研究不够;在研究主题上,国内研究呈现出针对不同主题的研究力量不均衡,新的研究生长点涌现不突出等现象;在研究视野上,国内研究在借鉴国际先进理论、方法和实践经验的基础上,扎根中国大地,充分探究符合中国实际的发展战略规划,突出并形成具有鲜明特色的经验,用中外高校丰富的实际经验指引我国高等教育发展方面尚有不足。[②]

当前,高等教育已由大众化迈进普及化,地方高校充当了主力军,研究地方高校的发展战略规划具有重要的意义。与部属高校相比,地方高校大多分布在地市级城市,办学实力不强,在激烈的高等教育竞争中感受的压力更大。[③] 高校内外环境的变化为其生存和发展提供了机遇和挑战,由于地方高校与区域发展关系更为紧密,所以地方高校的发展战略规划应当注重从区域经济发展诉求中寻找切入点。[④] 在地方高校发展战略规划制定与实施方面,王司瑜认为,我国部分地方高校制定的发展战略规划存在着战略目标与发展定位不当、对软环境建设重视不够、要点不突出、操作性不强、制定和实施缺乏广泛的群众基础等问题,针对这些问题,地方高校必须认真总结经验,科学分析内外部环境以及自身优势,以增强自我发展能力,提高核心竞争力[⑤];李兴国发现地方高校普遍存在办学目标模糊不清、办学定位严重趋同、发展指标定位过高、校与院两级分工不明、监督考核措施不力等问题,提出地方高校发展定位应切合实际,不宜贪大求全,在发展战略规划制定过程中应把握以下原则:科学规划、合理定位,加强组织、统一领导,明确分工、权责清晰,定期跟踪、适时调整,完善考核、奖惩有力[⑥]。

① 别敦荣. 大学发展战略规划的制定与实施[J]. 高等工程教育研究,2010(10):91-94.
② 汪育文. 国内外高校战略规划研究热点及趋势分析[J]. 高教发展与评估,2019(7):35.
③ 邹晓平. 地方院校战略规划的理论问题与个案分析[D]. 厦门:厦门大学博士学位论文,2006:5-10.
④ 吴明忠,等. 区域经济发展与地方高校战略规划[J]. 淮海工学院学报(社会科学版),2008(6):124.
⑤ 王司瑜. 关于地方高校战略规划问题的理性思考[J]. 黑龙江高教研究,2006(3):24.
⑥ 李兴国. 新常态视域下地方高校战略发展规划存在的问题与对策[J]. 昆明理工大学学报(社会科学版),2015(10):85.

目前,有关地方高校发展战略的研究多立足高校视角,目的是推动高校自身发展,而以教育管理部门或政府部门视角研究高校发展战略,不仅关注高校个体发展,更注重高校群体发展和区域高等教育均衡发展的研究比较少,这也正是本书的重要价值所在。

第三节　研究意义和研究思路

一、研究意义

理论意义:本书立足山东实际,探讨地方高校发展的战略影响要素,从理论层面构建山东省地方高校发展战略影响要素模型,进一步丰富地方高校分类发展、优化布局及高等教育政策供给等方面的理论,为科学谋划山东省地方高校发展战略提供理论支撑。

实践意义:本书以问题为导向,探析山东省地方高校发展的现状与问题,有利于为山东省地方高校与高等教育的科学发展提供战略选择,促进山东省由高等教育大省向高等教育强省转变,为政府决策提供参考依据,并为地方高校的定位、治理与发展提供策略支持。

二、研究思路和基本框架

(一)地方高校发展战略相关理论

对相关核心概念进行界定,对战略管理等相关理论进行论述,对地方高校发展战略影响因素进行分析。

(二)山东省地方高校的发展现状及困境

对山东省地方高校的发展进行 SWOT 分析,对山东省地方高校的发展战略问题进行分析,对山东省地方高校发展的成绩与经验、问题与困境进行解析。

(三)山东省地方高校发展战略要素分析

本书主要从四个方面分析影响山东省地方高校发展战略的外部因素:山东省地方高校发展与区域经济社会发展的关系、山东省地方高校分类发展、山东省地方高校区域布局、政府高等教育政策供给;从发展理念、发展定位、发展路径三个方面分析影响山东省地方高校发展战略的内部因素,构建地方高校发展战略影响要素模型。

(四)国内外地方高校发展战略成功案例分析

选取国内外部分高校发展战略进行研究,对其成功经验进行总结借鉴。国内选取广东、浙江、江苏等兄弟省份地方高校发展战略的经验进行借鉴,国外选取美国两所区域性大学的发展战略进行分析,对其经验加以借鉴。

(五)山东省地方高校发展战略对策建议

本书分别从宏观层面和微观层面提出建议。宏观层面主要针对山东省地方高校发展战略的顶层设计、整体布局、分类发展、资源配置、政策支持、考核评价等提出对策建议。微观层面针对山东省地方高校的发展定位、发展方向、发展途径和行动策略等提出对策建议。

三、本书的主要观点

经过查阅资料及前期研究论证,我们初步形成了以下几个观点,这些观点需要在今后的研究中进一步深化。

(一)地方高校与区域经济社会的发展之间呈现显著的正相关

地方高校与区域经济社会的发展之间是相互促进的,区域经济社会发展为地方高校发展提供了更多资源,地方高校发展会反哺区域经济社会发展。

(二)政府应该将促进地方高校发展作为发展战略的重点

政府应从政策倾斜、资源支持等方面助推地方高校发展,高度重视地方高校的发展,将地方高校发展作为促进经济社会发展的重要战略来谋划,人才资源与智力支持是实现可持续发展的有源活水。

(三)坚持高校内涵发展、特色发展、分类发展

推动地方高校找准办学定位,把服务国家、区域、行业需求及学生全面成长需要作为办学的根本出发点,突出办学优势,形成定位互补、错位发展的高等教育办学格局,引导高校在不同层次、不同领域争创一流。

(四)政府要突出对高校的宏观指导

政府高等教育政策供给中,应把对高校的直接行政管理转变为运用立法、拨款、规划、信息服务、政策指导和其他必要的行政手段,包括高等教育的发展战略、总体规模、地区布局、专业整体结构、财政拨款在高校之间的分配以及制

定高等教育政策等进行宏观管理,把微观决策权下放给高校,积极推进现代大学制度的建立。

第四节　研究特点

一、研究重点与难点

本书的研究重点在"山东省地方高校发展战略要素分析"部分,发展战略要素的确定,决定着发展战略制定的方向是否科学准确、目标能否达成;难点主要在于关键要素的选择与获取,需要基于政策文本、大数据等进行分析。

二、研究的突破点

本书的突破点为"山东省地方高校发展战略对策建议"。一是山东省地方高校发展战略要素分析;二是山东省政府对山东省地方高校发展战略的布局调整及相关政策;三是山东省地方高校为回应地方经济社会发展需要所进行的战略调整。

第五节　研究方法

一、文献研究法

对于人文社会科学的研究来说,文献研究法是一种较为普遍的研究方法,既可以提供选题依据,又有助于全面了解相关研究的动态,从而使研究设计与过程相对科学合理。文献研究法是本书的基本研究方法,本书将在大量收集整理国内外大学发展战略相关资料和政策文本的基础上,进行深入的文献分析,厘清地方经济社会发展与地方高校发展战略相关性的基本理论,掌握国内外学者对地方高校发展战略研究的现状,尤其是山东省地方高校发展战略存在的问题,明确研究方向。

二、比较研究法

比较研究法可以通过对两个或两个以上的事物进行比照,从相似中发现不同,或从差异中发现共同之处,从而总结经验,探寻解决问题之策。比较研究法在本书中占据着重要位置。本书将分别选取广东、浙江、江苏等省份地方高校发展战略和国外高校发展战略与山东省地方高校发展战略进行对比,借鉴高等教育发达省份和国家的经验,探寻适合山东省地方高校发展战略变革的新路径。

三、实证研究法

实证研究法是在具体情境下对相关个案进行详尽系统的分析,这有助于将抽象的理论与具体的实践结合起来,增强研究的实践意义。地方高校发展战略问题复杂、涉及面广、影响因素多,本书拟对1~2所地方高校的发展战略进行解剖分析,深入挖掘地方高校发展战略的矛盾与问题,以期找到解决矛盾的有效路径。

四、访谈研究法

访谈研究法的显著优势在于可以直接了解相关专家或政策制定者对于研究问题的真实看法,并可从研究者角度提出意见和建议。当前,山东省地方高校发展战略问题已影响到山东省高等教育的整体发展并引起广泛关注,为了切实了解相关人员对这一问题的看法,笔者选取多名来自政府、高校的管理者和专家学者作为访谈对象进行访谈,以获取第一手资料,为本书提供直接的观点及对策。

第二章

山东省地方高校发展战略理论分析

本章为本书提供理论基础和分析框架,主要对山东省地方高校发展战略进行理论分析:辨明核心概念;在梳理高校发展战略相关理论的基础上,厘清高校发展战略制定与实施的原则与标准;探讨地方高校发展的内外部影响因素,分析政策驱动的地方高校发展战略及其相对独立性,梳理地方高校与区域发展良性互动的典型案例。

第一节 核心概念界定

核心概念界定是从中西方字源、词源的视角,代表性观点的视角,历史发展的视角以及结构要素的视角入手,界定核心概念的内涵与外延,将核心概念分解成二级组成部分、三级要素甚至四级可操作性指标。字源、词源的考据有利于澄清事物的原初状态;权威观点从不同侧面揭示了事物的片面而深刻的本质;历史发展则反映了事物变与不变的因素;结构要素分析从横断面剖析了事物各组成部分的内在联系。

一、地方高校

(一)中西方字源、词源的考据

1. 汉语

地:①"元气初分,轻清阳为天,重浊阴为地,万物所陈列也。"[1]②地球、地壳;陆地;土地;地板;地区;地方;地点;地位;地步;地儿;路程。[2] 方:①"并船

---

① [汉]许慎撰,[清]段玉裁注. 说文解字注[M]. 郑州:中州古籍出版社,2006:682.
② 中国社会科学院语言研究所词典编辑室. 现代汉语词典[M]. 6 版. 北京:商务印书馆,2012:282.

也,象两舟省总头形。"①②地方之意,如远方、方言、天各一方。② 高:①"崇也,象台观高之形……与仓、舍同意。"③②从下向上的距离大,跟低相对;高度;在一般标准或平均程度之上的;等级在上的;敬辞。④ 校:①"木囚也。"⑤②学校;校官;订正、校对;比较、较量。⑥

地方:中央下属的各级行政区划的统称;军队方面指军队以外的部门、团体等;本地、当地;某一区域,空间的一部分、部位;部分。⑦ 高等学校:大学、专门学院和高等专科学校的统称,简称"高校"。⑧ 中国"古代'大学'概念是对于所有古代高等教育机构及其制度的统称,并不存在一个冠名为'大学'的实体机构"⑨。

2. 英语

Local:当地的、本地的;局部的、部分的。⑩ Place:地方、场所、所在地;城、镇、村等;物体表面或书的某处;座位或位置;社会等级、地位、身份;职位、职务。自然的或恰当的位置;房子。⑪ Space:空白、空隙、空地;空地方、空处;开阔地区、空旷处;空间;时间的持续、期间;将某事物均匀地隔开。⑫

University:大学,综合性高等学府。⑬ College:学院、职业学校;大学内的独立学院;学院的建筑物;学院的师生员工;学会、社团。⑭ Academy:专科院校;中等学校;高等学术团体、学会。⑮

从中、西方字源、词源可以发现,中国高校表现出明显的行政级别特征。汉语"地方高校"中的"地"与"方"同意,指地区、地点,相对于整体和全部来说是狭隘的、短浅的、不全面的;"高"本身就具有等级性,代表着上级;"校"最早是军事

---

① [汉]许慎撰,[清]段玉裁注. 说文解字注[M]. 郑州:中州古籍出版社,2006:404.
② 中国社会科学院语言研究所词典编辑室. 现代汉语词典[M]. 6 版. 北京:商务印书馆,2012:365.
③ [汉]许慎撰,[清]段玉裁注. 说文解字注[M]. 郑州:中州古籍出版社,2006:227.
④ 中国社会科学院语言研究所词典编辑室. 现代汉语词典[M]. 6 版. 北京:商务印书馆,2012:429.
⑤ [汉]许慎撰,[清]段玉裁注. 说文解字注[M]. 郑州:中州古籍出版社,2006:267.
⑥ 中国社会科学院语言研究所词典编辑室. 现代汉语词典[M]. 6 版. 北京:商务印书馆,2012:137,654.
⑦ 中国社会科学院语言研究所词典编辑室. 现代汉语词典[M]. 6 版. 北京:商务印书馆,2012:283.
⑧ 中国社会科学院语言研究所词典编辑室. 现代汉语词典[M]. 6 版. 北京:商务印书馆,2012:429.
⑨ 蔡先金."大学"之名与中国近代大学起源考辨[J]. 高等教育研究,2017(1):73-80.
⑩ [英]霍恩比. 牛津高阶英汉双解字典[M]. 4 版. 李北达,译. 北京:商务印书馆,1997:2046-2047.
⑪ [英]霍恩比. 牛津高阶英汉双解字典[M]. 4 版. 李北达,译. 北京:商务印书馆,1997:2046-2047.
⑫ 〔英〕霍恩比. 牛津高阶英汉双解字典[M]. 4 版. 李北达,译. 北京:商务印书馆,1997:2709.
⑬ 〔英〕霍恩比. 牛津高阶英汉双解字典[M]. 4 版. 李北达,译. 北京:商务印书馆,1997:3121.
⑭ 〔英〕霍恩比. 牛津高阶英汉双解字典[M]. 4 版. 李北达,译. 北京:商务印书馆,1997:502-503.
⑮ 〔英〕霍恩比. 牛津高阶英汉双解字典[M]. 4 版. 李北达,译. 北京:商务印书馆,1997:14.

训练场所,后演变为教育机构,所以"校"中的官即军官,"校"地进行着军事技能的较量。虽然英文中也有指称"地方"的"local""place""space"等词,并基本与中文同意,但是英文中并无"地方高校"之称,英文中用得最多的是"university""college""academy"。"大学"有"普遍、联合、统一体、普遍真理、知识"的意蕴,具有综合性的特征;"学院"来自拉丁文"collegium",表示一群有共同点的人、同事,即一起工作的师生,通常聚集于一个住宿部、一个食堂、一个小礼拜堂和一座图书馆,后演变成了专科大学或大学中的一个学院。"university"源于拉丁文"universitas",初始含义为"学术行会",后演变成了具有自治权、学术自由的教育机构。中国大学模式与法国、苏联大学模式相似,由一个知识权威中心主导全局,高等院校具有明显的等级化。[①]"higher education"指在大学或学院里接受的高级学位教育,"education"具有引导、引出的意味,是一种强调学生主动性的内发论,突出了真理先在学生灵魂里,教师的作用是引导。而中国的现代"大学"一方面接续了传统"大学"的概念与理念,另一方面借鉴了西方"大学"的组织与制度,但是在大学精神方面表现出明显的等级化,尚未完全消化"自治权与学术自由"的真精神。"higher education"凸显了教育内部层次上的差别,"地方高校"则强调了行政等级上的不同。

(二)代表性观点

本书认为,我国自 20 世纪 80 年代开始出现关于地方高校的研究。关于"地方高校"的概念,无论是词典或学术论著中都没有较为清晰的界定,研究者往往基于经验进行使用,但是都没有理清其内涵和外延。有学者从地域角度入手,认为地方高校是办在地方省市的高校;有学者从投资和办学主体的角度切入,认为地方高校即地方政府管理和投资的高校;有学者从地方性、综合性角度展开,认为地方高校是地方的综合大学。地方高校最大的特点在于"地方性","大多位于中心大城市以外,没有国家的财政支持,其学生和教师主要来自本区域,主要为地方培养所需人才"[②]。大部分学者认为,"地方高校"是行政管理视角下的概念,根据经费来源、隶属关系、管理主体的不同,中国高校分为部属高校和地方高校。"地方高校是指由省级或以下地方政府拨付经费,以服务区域

---

① 〔加〕许美德. 中国大学 1895—1995:一个文化冲突的世纪[M]. 许洁英,译,北京:教育科学出版社,2000:30.

② 王京. 地方高等学校特色学科建设研究[J]. 金华:浙江师范大学硕士学位论文,2007:8.

经济社会发展为主的高等院校。"①这里有两层含义:其一,地方高校应地方经济社会文化发展的需要而产生,其任务是为地方经济社会文化发展而服务;其二,地方高校的管理权在地方政府,其经费来源于地方政府的财政拨款。二者相辅相成,互为条件。② 随着民办高等教育的发展,民办高校也成为地方高校的一个重要组成部分,其经费主要来源于学费收入和市场,而非政府财政拨款,所以,本书将地方高校界定为:地方高校是与部属高校相对而言的地方所属高等学校,即位于地方省市,由地方政府管理,其学生和教师主要来源于本区域,通过培养人才、学术研究等功能,主要为地方经济社会文化发展服务的高等学校,包括所有公办和民办的普通本科高校和高职(专科)院校。还有几个问题需要澄清:其一,地方高校不是落后、片面的代名词;其二,地方高校也分地方重点高校、地方一般高校;其三,地方高校也分研究型的地方高校、教学型的地方本科院校以及职业技术学院;其四,地方高校不包括地方成人高校,主要指地方普通高校中的本专科高校。

(三)历史变迁

清末民国时期没有"地方高校"的概念,学界也不用"高校"的概念。但是从经费来源、管理主体、师生籍贯、服务对象等方面考虑,近代山东有地方高校之实,无其名而已。总体来说,清末山东省地方高校兴起较为迅速,在全国处于领风气之先的地位。山东率先创办了地方大学堂,并逐步配齐了法政、农业、医学、军事学堂,可谓兴盛一时。民国前期,山东省地方高校发展颇有成效,六所专门学校类似于当代的专科大学,六所省立师范学校自成体系,颇有特色,短暂存在的省立山东大学也不无价值。后北伐战争的破坏使得 1927 年后的山东省地方高校一蹶不振,只有乡村师范教育取得较大进展;加之日本入侵,对山东省地方高校造成了极大的打击。中华人民共和国成立前,山东省地方高校寥寥无几,师生星散,质量堪忧。

1. 领风气之先:清末山东省地方高校

1901 年光绪帝颁布上谕,以学堂取代书院。袁世凯奏请以泺源书院为基础创办山东大学堂,领各省风气之先,这是各省兴办的最早的官立大学堂。山东巡抚周馥在奏折中称,巡抚直接委派胡廷干、张士衍、孔祥霖总理全省学务,选

---

① 王旭东. 论地方高校社会服务职能的拓展[J]. 中国高教研究,2007(8):16-17.
② 和飞. 地方大学办学理念研究[D]. 武汉:华中科技大学博士学位论文,2005:15.

聘中西学教师,"饬每州县选送学生","建修两堂及常年经费均在整顿税契项下筹拨"①。学员主要来自山东省属各府,并要求地方官保送学生。时新学风气未开,缺乏合格中等毕业生,科举废除旧学人才无出路,法政学堂多采用"举贡拣发来直人"②。1904 年,按照《奏定学堂章程》的规定,山东大学堂更名为"山东高等学堂","藩库税契项"下列支常年经费,"教授经学、史学、国文的多是本省有名的进士、举人"。③ 民国初年又更名为"山东高等学校",1914 年停办。清末山东还创办了一批地方专门学校,如 1906 年创办的山东法政专门学堂,"为近代山东培养了一批司法人才"④。1906 年兴办的山东高等农业学堂,经常费白银 3 万两,筹办费 4 万两,招集本籍子弟入堂肄业。此外,省城还建有武备学堂(1902 年)、警务大学堂(1903 年)、山东全省师范学堂(1903 年)、政务学堂(1906年)、中西医院附属医学堂(1906 年)、陆军测绘学堂(1910 年)等。⑤ 清末民初山东的高等学校,都是省府发起兴办,并提供经费、参与管理,教师除外国教习外基本是科举出身的本地硕学鸿儒,学生从本地的贡生、监生、秀才中选拔,为山东培养了一批近代专门人才。但是,毕业生成绩参差不齐,如学部复核山东高等学堂毕业试卷发现,"错误尽属相同""雷同如出一辙"⑥。

2. 群星璀璨:民国前期山东省地方高校

1912 年教育部公布《专门学校令》,"各地方于应设学校外,确有余款,依本令之规定,设立专门学校,为公立专门学校"⑦。山东巡按使公署将清末设立的各高等学堂停办或转办,先后设立了法政、农业、商业、工业、矿业、医学六所专门学校。山东公立农业专门学校"以教授高等农业学艺,养成农业专门人才为宗旨,招收本省各县及各省学生,按照地方情形及时势之需要聘请品学俱优之教授,养成适于实用之真才是本校设立之目的也"⑧。六所专门学校继承了山东大学堂的师资,教师以山东留日学生为主,招收本地的中学毕业生或同等学力者。由于近代工商业不发达,山东公立工业专门学校的毕业生很少从事本专业

① 山东巡抚周奏办山东各学堂情形折[J]. 东方杂志,1904(6):136-139.
② 直督袁奏请以山东等省举贡拣发来直人法政学堂片[J]. 南洋官报,1906(47):11.
③ 栾开政. 山东高等教育发展史[M]. 济南:山东教育出版社,2003:14.
④ 褚承志. 山东官立法政学堂(上)[J]. 山东文献,1977,3(2):57-58.
⑤ 栾开政. 山东高等教育发展史[M]. 济南:山东教育出版社,2003:1-9.
⑥ 学部奏复核山东高等学堂正科毕业试卷可疑拟令该生来京复试折[J]. 浙江教育官报,1909(11):84.
⑦ 教育部公布专门学校令[J]. 教育杂志,1912(10):33.
⑧ 山东公立农业专门学校要览[J]. 中华农学会报,1922(7):60-61.

工作,"多数则改行另谋职业"①。山东公立法政专门学校教师除两名毕业于国内外,其余全是日本法政系的留学生。山东公立医学专门学校教师多是留学德、日的博士。山东公立矿业专门学校,"易名后由地方教育经费拨款,直接由山东省教育厅领导"②。由于缺乏对六所专门学校学生的统计,本书只能以部分数据反映之,如表 1-1 所示,法专、农专、商专学生较多,工专、医专、矿专学生较少,95 名学生中只有 4 名源自省外,其余全部来自山东省内,可见地方性之明显。民国前期山东省师范学校有:山东省立第一师范学校(济南)、山东省立第二师范学校(曲阜)、山东省立第三师范学校(聊城)、山东省立第四师范学校(益都)、山东省立第一女子师范学校(济南)、山东省立第二女子师范学校(菏泽)。1926—1928 年,张宗昌督鲁,强行合并六所专门学校为省立山东大学,由当时的省教育厅长兼任校长,教育厅每年拨给经费 30 余万元③,所招新生除本省外,尚有江苏、河南、安徽、河北等省学生。1928 年,北伐战争中张宗昌败逃,学校无人负责,经费无着,随即停办。④

表 1-1　民国初年山东省地方高校遗失毕业证简况

学校	各学校遗失毕业证数/本	学生籍贯	各籍贯学生遗失毕业证数/本
法专	26	临淄	5
农专	20	藤县⑤、郯城、安邱⑥、日照	4
商专	15	惠民、桓台、邹平、潍县、高密	3
工专	9	阳信、平度、清平、临沂、招远、寿光、禹城、沂水、恩县、长清、濮县	2
优师	7	滨县、范县、临邑、昌邑、阳信、新泰、茌平、牟平、济宁、齐东、诸城、金乡、单县、广饶、博兴、平原、平度、堂邑、曲阜、高唐、益都、冠县、即墨、费县、掖县、朝城、昌乐、菏泽、城武、楼霞、阳谷、郓城、德平、X 县⑦	1

---

① 栾开政. 山东高等教育发展史[M]. 济南:山东教育出版社,2003:39.
② 栾开政. 山东高等教育发展史[M]. 济南:山东教育出版社,2003:43.
③ 何思源. 最近山东省教育概况[J]. 河南教育,1930(21):89-91.
④ 栾开政. 山东高等教育发展史[M]. 济南:山东教育出版社,2003:54-59.
⑤⑥ "藤县""安邱"为民国初年地名,即今滕州、安丘。
⑦ 原始材料字迹模糊、无法辨认,但能确认是山东 X 县。

（续表）

学校	各学校遗失毕业证数/本	学生籍贯	各籍贯学生遗失毕业证数/本
山大	7	直隶（河北）	2
医专	6	湖北、山西	1
省高等学校	3		
矿专	2		

资料来源：山东省政府教育厅补发前省立专门以上各校毕业生毕业证明书一览表[J].山东教育行政周报，1930（95）：8-12；山东省政府教育厅补发前省立专门以上各校毕业生毕业证明书一览表[J].山东教育行政周报，1933（224）：25-27.

3. 艰难中徘徊：民国中后期山东省地方高校

国民政府时期正式立法，把高校分为国立、省立、私立三类，大学、学院、专科学校三种。至此，地方高校包括省立大学、省立学院、省立专科学校。国民政府建立后，山东除建立国立山东大学外，还新设立了由国民政府教育部和省教育厅共同领导的省立医学专科学校。1930 年，山东省高等教育经费占省教育经费的比例，从 1929 年的 20％下降 1930 年的 10％。令人遗憾的是，当时山东省仅有教会大学、专门学校各一所，而省立大学、专门学校数为零。① 截至 1937 年，山东省共有省立师范学校六所。此时期，山东省师范教育发展颇有成效，其经费占山东省教育经费的 30％左右，比高等教育经费还高 10％。全面抗战时期，山东省地方高校几乎损失殆尽，省立乡村建设专科学校停办，省立医学专科学校迁往四川，新设立政治学院。② 抗战胜利后，复校的有山东省立师范学院、山东省立医学院，新建山东省立农学院。虽然这些学校的毕业生对地方发展做出了贡献，但是"本省事业有限，人才挤挤，每年需要补充之专门人才数，与鲁籍实际毕业者相比，不逮十分之一。人才过剩，实为社会不安之原动力"③。1949 年前，山东省地方高校有山东农学院、山东医学院、山东工业专科学校、山东商业专科学校、山东师范专科学校。④

---

① 何思源. 最近山东省教育概况[J]. 河南教育，1930（21）：89-91.
② 李之鸥. 山东省教育复原概况[J]. 教育通讯，1946（8）：14-16.
③ 何思源. 近八年来之山东教育[J]. 教育杂志，1936（11）：39-53.
④ 金以林. 近代中国大学研究[M]. 北京：中央文献出版社，2000：335-339.

　　4. 再造与重生：中华人民共和国成立初期的山东省地方高校

　　中华人民共和国成立初期，人民政府接管了旧教育，并正式去掉了"国立"，山东农学院、山东工学院、山东师范学院、山东教育行政干部学校隶属于文教厅；山东医学院隶属于卫生厅；山东会计专科学校隶属于财政厅；山东行政学院隶属于省政府。① 按照苏联模式调整旧大学，向专业化学院方向发展，官方开始使用"高校"这一概念。调整后的山东省地方高校有山东农学院、山东工学院、山东师范学院、山东医学院、山东财政经济学院、山东行政学院。20 世纪 50 年代新建了青岛医学院、曲阜师范学院。此时期，除山东大学、青岛工学院、山东工学院由高等教育部管理外，其余高校为山东省政府管理。1958 年山东省人民委员会公布当年计划新建 36 所高等学校：山东机械工业学院、山东化工学院、济南铁道学院、山东煤炭工业专科学校、山东建筑学院、山东交通专科学校、青岛动力专科学校、青岛冶金工业专科学校、淄博工学院、山东水利学院、泰安畜牧兽医学院、山东农业机械化学院、临沂大学②、淄博医学专科学校、山东中医学院、山东体育学院、山东艺术专科学校、聊城工业专科学校、烟台大学③、青岛纺织专科学校、山东财经学院、莱阳、昌潍农学院、泰安、北镇、聊城、菏泽、济宁农业专科学校，济宁、昌潍医学院，莱阳、北镇、聊城、菏泽、济南师范专科学校等。20 世纪五六十年代，山东省地方高校经过了频繁的调整，形成了新中国山东省地方高校的基本结构。"文化大革命"期间，山东高校再一次进行了大规模的合并、调整与搬迁，给高校带来了不可估量的损失。改革开放后，山东省地方高校回到了正常发展轨道。1986 年，除 9 所院校属于中央各部委管辖外，其余 39 所院校均属于地方院校。截至 2020 年，山东省共有高校 152 所，除山东大学、中国海洋大学、中国石油大学外，其余均为地方高校。

　　中华人民共和国成立初期，山东省地方高校的发展表现出新的特点：其一，山东省地方高校取得了长足的进步，地方高校在与区域发展的互动中相得益彰。地方高校数量大为增加，学科种类也颇多，并覆盖了山东省各地市，与清末民国时期简直天差地别。其二，经历多次大起大落，行政干预、计划、调整、搬迁过多，学习模式不断变换，没有形成中国地方高校的特有模式。地方高校的自

① 栾开政. 山东高等教育发展史[M]. 济南：山东教育出版社，2003：224.
②③　此处的临沂大学、烟台大学是"教育大革命"时期的结果，受"左"的思想影响企图短期内普及高等教育。如 1958 年设立或升格的临沂大学、烟台大学，经过"整顿"后，于 1959 年撤销建制，拆分降格。与后来的临沂大学、烟台大学不是同一所学校。

治性与自由性不足,传统积淀不够,延续性较差,特色不鲜明。先是以苏联模式取代欧美模式,后企图创建中国特色的地方高校模式,改革开放后又再次复归欧美模式,但仍未形成中国特色。其一,吸收了苏联和欧美大学模式的部分优点。其二,内部治理结构混乱,绩效不高,与外部社会的关系不明确,缺乏发展战略规划,难以形成地方高校与区域发展的良性互动。其三,官方和学术界正式使用"高校"和"地方高校"的概念。这明显具有苏联模式(专才教育而非通才教育)的印记,并具有鲜明的官僚等级色彩,这是中国传统文化强大同化作用的结果。

二、发展战略

(一)中西方字源、词源的考察

发:多数做动词,有送出、交付,发射,产生,发生,表达、发表,扩大、开展,放散、散开,揭露、打开,显现、散发,流露,感到,启程,开始行动,引起、启发等意。[1] 发,起源于军事,包含内在的先天因素向外扩展、展开的过程。展:转也。[2] 展:张开,放开,施展,显示,展缓。[3] 展,也源自军事,有转动、铺开、显露等意。发展:事物由小到大、由简单到复杂、由低级到高级的变化;扩大组织规模等。[4] 战:斗也。[5] 战:战争、战斗,进行战争战斗。略:经略土地也。[6] 战略:指导战争全局的计划和策略,泛指决定全局的策略。[7] Development:发展、发达、发育、成长、显影、开发,新的阶段、新的事态。[8] Strategy:战略、策略、谋略、对策、政策。[9] 综上所述,从字源、词源考察,可以得出以下结论:其一,"发展战略"与军事有着非常紧密的联系,它是源于战斗的需要,内含斗争、竞争之意,所以必然有胜负、优劣。其二,"发展"的前提是先天的内在因素具有成长的潜能,没有此内在因素是无法壮大的;"战略"强调人为的计划性,全局性的策略决定了它的重大意义和价值,这是人为的而非自然发展的结果。其三,英语中的"发展"更

---

① 中国社会科学院语言研究所词典编辑室. 现代汉语词典[M]. 6 版. 北京:商务印书馆,2012:348.
② 〔汉〕许慎撰,〔清〕段玉裁注. 说文解字注[M]. 郑州:中州古籍出版社,2006:400.
③ 中国社会科学院语言研究所词典编辑室. 现代汉语词典[M]. 6 版. 北京:商务印书馆,2012:1635.
④ 中国社会科学院语言研究所词典编辑室. 现代汉语词典[M]. 6 版. 北京:商务印书馆,2012:351.
⑤ 〔汉〕许慎撰,〔清〕段玉裁注. 说文解字注[M]. 郑州:中州古籍出版社,2006:630.
⑥ 〔汉〕许慎撰,〔清〕段玉裁注. 说文解字注[M]. 郑州:中州古籍出版社,2006:697.
⑦ 中国社会科学院语言研究所词典编辑室. 现代汉语词典[M]. 6 版. 北京:商务印书馆,2012:1637.
⑧ 〔英〕霍恩比. 牛津高阶英汉双解字典[M]. 4 版. 李北达,译. 北京:商务印书馆,1997:751.
⑨ 〔英〕霍恩比. 牛津高阶英汉双解字典[M]. 4 版. 李北达,译. 北京:商务印书馆,1997:2816.

加强调新的阶段、新的事物,讲究不断超越;汉语中的"发展"讲究在传统基础上的展开,注重在继承基础上的改进。

(二)代表性观点

"战略"源于军事斗争的需要,即在战争中利用军事手段达到战争目的的科学和艺术。其实,政治、经济、社会领域也存在许多全局性的问题,只有运筹帷幄,方能决胜于千里之外,所以战略理论被延伸到其他领域。斯大林认为,"战略就是规定无产阶级在革命某一阶段上的主要打击方向,制定革命力量的相应的布置计划,在革命的这一阶段的这个过程中为实现这个计划而斗争"[①]。经济学家使用了"发展战略"的概念,其内涵是把经济发展提高到了战略的高度,把经济发展与社会发展联系起来,即经济增长、收入分配与争取平等的发展战略。"企业战略是制定企业总体目标和寻求企业在环境中地位并不断发展的谋划和方略。"[②]它具有全局性、长远性、目标性、抗争性等特征,包含经营范围、成长方向、竞争优势、协同作用四要素,由总体战略、竞争战略、职能战略三个层次组成。有学者从一般意义上界定发展战略:在竞争或对抗中为达到一定目标而进行的全局性、长远性、根本性的谋划。[③] 所以,发展战略指各领域中为达到一定的目标而进行的全局性、长远性、根本性的谋划和方略。

三、地方高校发展战略

(一)代表性观点

长期以来我国高校并没有发展战略,直到 20 世纪 90 年代初才有人从经验的角度谈地方高校发展的竞争战略和差别战略。[④] 北京工业大学校长左铁镛在接受访谈时表示,地方高校的发展战略是科学定位、办出特色、培养应用实践性人才。[⑤] 别敦荣教授认为地方高校发展战略:立足地方,全面开放办学战略;注重品质,追求卓越战略;追踪前沿,高位发展战略;丰富内涵,文化创新战略。[⑥] 地方高校发展战略主要是处理好五种关系,即定位与发展的关系、资源与发展

① 〔苏〕斯大林. 斯大林全集:第 6 卷[M]. 中共中央马克思恩格斯列宁斯大林著作编译局,译. 北京:人民出版社,1956:132-133.

② 刘辉. 企业管理战略理论与实务[M]. 北京:北京理工大学出版社,2016:3.

③ 张耀波. 战略思维与战略研究[M]. 昆明:云南大学出版社,2016:19.

④ 刘润忠. 论地方高校的办学问题——环境、发展、战略选择[J]. 连云港职业大学学报,1991(2):5-15.

⑤ 浩泉. 地方高校如何争创"一流"[J]. 中国高等教育,2001(Z2):38-40.

⑥ 别敦荣. 我国地方大学的使命与发展战略[J]. 河北科技大学学报(社会科学版),2007(3):82-86.

的关系、模式与发展的关系、特色与发展的关系、实力与发展的关系。① 高校发展战略就是要实现办学目标定位、大学文化价值取向、基层学术组织、重点学科建设、人事制度改革五个方面的转向。② 地方高校发展战略首先要有科学的战略定位,涵盖规模定位、学科定位、层次定位、区域定位;其次是做出准确的战略选择,实现可持续发展、内涵发展;最后采取战略行动,提高办学效益,彰显地方特色,以人为本,以质量求生存。③ 地方高校发展战略,"必须实现三个和谐,即与经济社会发展的和谐,与地方高等教育以及整个国家教育发展的和谐,自身的和谐"④。地方高校发展战略应特别"强调应用实践型人才培养,着力应用研究与技术推广和服务,加强国际国内合作与交流"⑤。有学者认为科学定位和特色发展是地方高校发展战略的核心,必须坚持解放思想,更新观念,实事求是,科学定位;面向地方,面向行业,面向实践,以特色求发展。⑥ 地方高水平大学的发展战略是本土化战略、国际化战略、核心竞争力战略、特色发展战略和协同创新战略。⑦ 地方高校发展战略是一个动态过程,包括高等学校愿景、使命与发展目标陈述、战略分析、战略制定、战略实施、战略评估六个方面。⑧ 高校发展战略的实施就是要抓住战略机遇,优化教育资源配置,从长时段来看,大部分高校有成功也有失误,"真正步步赶上机遇的高校凤毛麟角"⑨。大部分研究者把地方高校发展战略归结为目标定位、特色发展、学科建设、师资建设、服务地方发展、提高质量。⑩ 学界公认的发展战略有特色发展战略、可持续发展战略、国际化发展战略、战略联盟、协同创新战略、核心竞争力战略、教育营销战略、声誉经营战略、品牌战略等。

---

① 李志义. 论地方高校发展中战略层面的五种关系[J]. 中国大学教学,2015(5):7-13.
② 郭贵春. 实现"五个转向":理性选择学校发展战略[J]. 中国高等教育,2006(12):18-20.
③ 张宁. 试论地方高校的科学发展战略[J]. 内江科技,2009(2):7-8.
④ 胡雄,黄桉. 地方高校发展战略思考[J]. 武汉化工学院学报,2006(5):25-28.
⑤ 蒋华林. 论地方高校的历史使命及其发展战略[J]. 国家教育行政学院学报,2009(9):70-73.
⑥ 檀坤华. 我国地方高等院校的发展战略选择[J]. 国家教育行政学院学报,2008(4):11-14.
⑦ 金保华,王英. 地方高水平大学的发展战略研究[J]. 教育探索,2014(4):18-20.
⑧ 刘献君. 高等学校战略管理[M]. 北京:人民出版社,2008.
⑨ 钟劲松. 论地方高校发展战略管理[J]. 黄冈师范学院学报,2018(4):5-8.
⑩ 张晓琪,等. 地方高等院校发展战略的思考[J]. 经济师,2005(9):89-90;范成祥. 地方高校发展策略研究[D]. 济南:山东师范大学硕士学位论文,2007;周应佳. 关于地方高校发展的战略思考与实践[J]. 襄樊学院学报,2009(1):5-9;王司瑜. 关于地方高校战略规划问题的理性思考[J]. 黑龙江高教研究,2006(3):24-25.

(二)结构要素分析

地方高校发展战略即地方高校在竞争中为达到一定的发展目标而进行的全局性、长远性、根本性的谋划。其一,地方高校的经费来自地方财政,受地方政府管辖,地理位置上位于地方省市,师生以本地人为主,主要以区域经济社会发展为服务对象。其二,地方高校发展战略是事关全局性、长远性、根本性的问题。它不是局部的、短时期的、暂时性的问题,意义重大。其三,地方高校发展战略具有目的性。无目标不是战略,高校有了目标,犹如大海中的航船有了海图。地方高校的战略目标是预期在一定时期内必须达到的目标,并且有量化的时限、质量和效益,目标要有全面性、层次性和阶段性。其四,地方高校发展战略的竞争性。地方高校面对其他高校的竞争和压迫,需要争夺市场,谋求发展。高校之间的竞争不可避免,竞争机制有利于提高高校的活力,有利于提高高校办学的效益。其五,从横向结构分析,地方高校发展战略包括目标定位、结构布局、学科建设、人才培养、制度文化等方面。其六,从动态过程分析,地方高校发展战略分为战略分析与定位、战略制定与选择、战略实施与控制等。其七,地方高校发展战略具有层次性,包含全国地方高校总体发展战略、省市或区域地方高校发展分战略、作为个体的地方高校总体发展战略、地方高校内分发展战略。

第二节　高校发展战略相关理论概要

本节通过梳理中西方高校发展战略相关的理论,从理论渊源、内涵、意义等方面,对高等教育内外部关系理论、高校战略管理理论、生态位理论等进行了系统梳理和总结提炼。在分析核心问题的基础上,形成高校发展战略制定与实施的原则与标准,兼顾高等教育的"认识论"与"政治论"哲学;统筹系统性、动态性、整体性、根本性与个体性、静态性、层次性、表面性的关系;协调独立性与隶属性的关系。

一、相关理论

(一)高等教育内外部关系理论

1. 高等教育内外部关系理论渊源

1980 年,潘懋元先生在湖南大学讲课时首次提出了"高等教育内外部规律"。在改革开放和高等教育恢复的大背景下,面对学界热烈讨论的"教育本质""教育属性"问题,潘先生独辟蹊径,运用系统论和关系思维,提出"教育要受社会其他子系统和诸多因素的制约,也对其他子系统和诸多因素起作用",阐明教育作为一个系统,其内部各个子因素或子系统之间的相互关系规律。① 潘懋元先后发表《教育的基本规律及其相互关系》《教育外部关系规律辨析》《教育基本规律及其在高等教育研究与实践中的运用》等论文对此理论进行了深层论述。此后,高等教育内外部规律研究此起彼伏,并对教育理论和实践产生了深远的影响。在该理论提出30周年时有学者指出,该理论"代表着一种全新的教育本质论、教育哲学观和教育认识论","为高等教育研究揭示了全新的视界","具有重要的理论创新价值和现实指导意义"。②

2. 高等教育内外部关系理论的内涵及论争

教育内外部关系理论的核心内容包括三方面:教育外部关系规律,即教育与社会关系的规律;教育内部关系规律,指教育内部诸要素间相互关系的规律;教育外部关系规律与教育内部关系规律之间的关系规律。也有学者对此理论的说法提出异议,如孙喜亭教授认为这种说法不科学、不确切,外部只能是现象或联系,非本质的联系不是本质,按照马克思主义基本原理来看,规律是事物的内部联系,"其概念、定义表述得不准确、不严格、不规范"③。还有学者从"理性引领"的视角批判教育内外部关系理论是"适应论",应走出这种"历史的误区",否则会导致"各种实践理性的失调"、高等教育的依附性地位、错误认识高等教育的社会属性、大学制度的理论基础错位。④ 有学者运用现代哲学理论为其进行了辩护,认为长期以来学界对教育规律的认识存在误区——把教育规律看成简单的线性教育因果关系,事实上,教育是复杂系统,同样存在无序、不确定性、多向度性和非线性;此理论的提法也是科学的,高等教育是一个关系集合体,"高等教育本质上是一种特殊的关系规律,具有统计性、非线性、多向度性和双

① 潘懋元. 新编高等教育学[M]. 北京:北京师范大学出版社,1993:12-15.
② 刘小强. 关系思维与高等教育研究[J]. 中国高等教育评论,2011(2):385-399;向春."教育内外部关系规律"的提出及其实践意义[J]. 长白学刊,2008(4):145-147.
③ 孙喜亭. 教育学问题研究概述[M]. 天津:天津教育出版社,1989:17-41;邢永富. 应加强教育学概念及其体系的研究[J]. 教育研究,1991(8):35-38.
④ 展立新,陈学飞. 理性的视角:走出高等教育"适应论"的历史误区[J]. 北京大学教育评论,2013(1):95-125;张应强. 教育内外部关系规律及其对高等教育学学科建设的意义[J]. 山东高等教育,2015(3):90-96.

向互动性,表征为一种弹性而非刚性的必然"①。此后,学界对"适应论""历史的误区"进行了激烈的论争。

3. 高等教育内外部关系理论的理论价值与实践意义

高等教育内外部关系理论在教育理论和实践方面产生的重大影响,足以证明它所蕴含的理论价值和实践意义。高等教育内外部关系理论,"其理论价值主要表现在它凸显了深远的学术影响、开启了教育规律理论研究的新思路、影响了一代教育工作者的思维方式以及它构成了高等教育学的学科基础等方面"②。学界普遍认为此理论对"市场经济与高等教育的关系、民办高等教育的发展、高等教育地方化、高等教育通向农村"③等实践问题产生了深远影响。还有学者运用此理论来分析解释"高校突发公共事件""大学自律"等问题,指出这些问题的产生都是教育内外部关系失调的结果。④

(二)高校战略管理理论

1. 战略管理理论的渊源及内涵

战略管理理论是企业管理理论的一部分,兴起于20世纪60年代的美国,后引入高等教育领域。改革开放后,中国高校管理体制发生了深刻变革,战略管理是高校发展的必然选择。目前,国内关于高校战略管理的研究尚处于初级阶段,相关研究逐渐增多,主要涉及背景、动因、选择、规划、能力、评价等方面。

战略管理是指组织为了长期的生存和发展,在充分分析组织外部环境和内部条件的基础上,确定和选择组织战略目标,并针对目标的落实和实现进行谋划,进而依靠组织内部能力将这种谋划和决策付诸实施以及在实施过程中进行评估与控制的一个动态管理过程。它包括三个环节:战略规划、战略实施、战略

① 李枭鹰. 走出教育规律认识的困境[J]. 中国高教研究,2009(3):36-39;李枭鹰. 论高等教育的关系属性[J]. 教育研究,2014(9):33-38.
② 黄湘倬,王德清. 潘懋元"教育内外部关系规律"理论的价值研究[J]. 湖南社会科学,2010(5):181-183.
③ 万建明. "教育内外部规律说"解析[J]. 教育评论,2004(1):10-13;向春. "教育内外部关系规律"的提出及其实践意义[J]. 长白学刊,2008(4):145-147.
④ 赵宗更,等. 从高等教育内外部关系规律看高校突发公共事件的预防和处理[J]. 理工高教研究,2008(1):77-80;刘赞英,刘双悦. 从高等教育内外部关系规律谈大学自律[J]. 河北科技大学学报(社会科学版),2009(3):82-88.

评价。① 战略管理的理论研究先后经历了战略规划理论、环境适应理论、产业组织理论和竞争战略学说、资源基础理论和核心竞争力学说等理论形态。

2. 欧美高校战略管理相关研究

20 世纪 50 年代,欧美国家出现了大学管理的革命,一些后发大学开始进行战略管理,管理模式和发展道路有了革命性的变化,大学自身得到快速发展。20 世纪 70 年代,美国学者申达尔开始研究大学战略管理问题。美国全国高校管理系统中心与全国州立大学协会等组织也为把发展战略规划应用到高校的管理实践之中而加强了理论与实践研究工作。② 20 世纪 80 年代,许多美国大学尝试建立战略方针与规划。③ 卡内基梅隆大学是通过制定发展战略规划而跻身世界一流大学的典型例子。④ 英国高校有重视战略管理的传统,这与其大学拨款制度有关。英格兰高等教育拨款委员会(HEFCE)把组织高校制定发展战略规划,并对高校进行战略管理作为核心职能。高校发展战略和规划研究已经成为英国高等教育决策的基础。⑤ 英国比较典型的案例如沃里克大学。⑥ 沃里克大学建校于 1965 年,学校建校伊始就做出了一个重要的战略决策:走有别于传统模式的大学发展之路,将企业家精神熔铸于办学思想中,提出建立与工商界联系密切的"产学研合作大学"⑦。关于国外高校战略管理实践研究的文献有《英国高等学校战略规划指南》《美英高校规划工作概况及文献资料简介》等,其介绍了英、美高校的总体战略,并对规划的编制、文本、组织、实施与监控等进行了阐述,提出了可资借鉴的经验。

3. 国内高校战略管理相关研究

20 世纪 80 年代,我国学者开始将战略管理理论移植到高校发展问题的研究上。2000 年后,许多高校制定了发展战略规划,积累了丰富的实践经验,高校战略管理研究也逐渐走向成熟,向本土化、原创性方向发展。

关于高校战略管理全面、系统而深入的研究文献较少,且集中在高校层面,

---

① 中国高教学会高教管理分会秘书处. 2005 中国高等教育管理现实与理想:科学发展观专辑[Z]. 北京:中国传媒大学出版社,2005:200-207.
② 教育部发展规划司. 教育规划理论与实践[M]. 北京:中国大百科全书出版社,2006:294-300.
③ 张泽麟. 高等学校战略管理研究[D]. 长沙:湖南大学硕士学位论文,2003.
④ 彭宗德. 高等学校发展战略研究[D]. 哈尔滨:哈尔滨工程大学硕士学位论文,2007:4.
⑤ 张泽麟. 高等学校战略管理研究[D]. 长沙:湖南大学硕士学位论文,2003:7.
⑥ 彭宗德. 高等学校发展战略研究[D]. 哈尔滨:哈尔滨工程大学硕士学位论文,2007:4.
⑦ 周济. 谋划发展规划未来[J]. 中国高等教育,2003(2):3-9.

梁焱的《现代大学的战略管理》,刘向兵、李立国的《大学战略管理导论》是这方面的代表作。第一,关于高校战略管理的概念。学界一般认为,高校战略管理是学校以国家和所在地区的国民经济及社会发展为背景,在国家宏观高等教育政策与法律的指导下,针对学校自身的历史、现状和发展目标,对教育教学活动通过制定和实施战略规划进行的总体性管理。第二,关于战略选择与战略规划研究。战略选择与战略规划是基础与前提,是我国高校改革较早的领域,相关研究也较多。战略选择研究主要集中在特色化战略、差异化战略、目标集聚战略、国际化战略、竞争性战略等方面,尤其集中在特色化战略方面。如李立国认为特色化战略是高校长期稳定发展,不断形成和增强竞争优势的出发点和归宿。① 关于战略规划的比较研究,研究者普遍关注规划的纲领性、权威性、普及性、定位、目标等方面。第三,关于高校战略管理特征的研究。一是将学校的战略管理与操作管理进行对比,如熊川武。二是将高校战略管理与企业战略管理进行对比,如刘献君、杨雪梅、黄乃文。第四,关于大学校长与高校战略管理的研究。刘献君强调了校长对战略认识的重要性。李培根以华中科技大学为例,论述了校长对大学发展战略的把握和推进。② 2004 年举办的中外大学校长论坛中,各大学校长介绍了自己学校的战略管理经验。杨延东将大学校长在高校战略管理中的角色分为七种:构建者、规划者、分析者、引导者、跟进者、学习者和旁观者。③ 大学校长的角色定位和转变,是大学实施战略管理的重要影响因素。第五,关于高校战略管理团队和管理能力的研究。高校必须依靠战略管理团队来实现发展,其结构包括人员构成、权力结构、决策模式、运行机制等方面。高校战略管理团队分为三个层次:高层管理团队、职能管理团队、底层管理团队。④ 高校战略管理能力是高校发展的重要保障,战略管理能力是完成战略管理活动所体现出来的素质。战略管理活动必须以一定的资源作为基础。⑤ 战略管理能力包括战略管理资源、战略管理规划、战略管理执行、战略管理评价、战

① 李立国. 高校特色化战略研究[J]. 北京教育(高教版),2006(2):8-10;刘向兵,伍聪. 试论高等学校提升国际性战略[J]. 中国高教研究,2009(4):61-62;亢雄. 新建本科院校战略管理的实施[J]. 黑龙江高教,2008(12):40-42;许小君. 高校竞争性战略管理模式的运用[J]. 江苏高教,2009(5):35-37.
② 李培根. 大学校长之战略把握与推进[J]. 高等教育研究,2006(7):27-31.
③ 杨延东. 大学校长在高校战略管理中的角色定位和角色转换[J]. 高等教育研究,2007(6):44-49.
④ 储祖旺,万可. 论我国高校战略管理团队的构建[J]. 黑龙江高教研究,2007(2):61-64.
⑤ 楚旋,冯瑞华,吴宏远. 高校战略管理能力评价指标体系构建研究[J]. 黑龙江高教研究,2016(8):7-10.

略管理学习五个维度,并可分解为 16 个要素。[1] 有学者认为,我国高校战略管理研究从研究视角、研究内容到研究方法和研究手段都需要进一步改善,目前还存在不少的问题:主动性与自觉性的缺失;科学性与严谨性的缺失;民主性与程序性的缺失;实用性与特色性的缺失;认识缺失。[2] 综上所述,关于高校战略管理理论的研究尚存在以下不足:研究视角单一,缺乏多视角的关照与反思;研究过程中存在明显的"冷热不均"现象,即重实践、轻基础,重部分环节、轻整个链条,重模仿、轻创新;从研究水平看,理论与实践研究均有待深化;研究方法上,跨学科研究尚未得到很好的体现,实证研究较少。

(三)生态位理论视角下的高等教育研究

1. 高等教育生态学基本理论研究

生态位研究经过百余年的发展,其内涵为:自然界每一物种都有最适合生存和发展的生态位,只有找准生态位,才能适应环境,获得可持续发展。[3] 从生态学视角看,大学战略管理的实质是大学不断协调内外部关系,实现持续成长的动态过程。[4] 大学战略管理本质上就是大学根据自身客观条件以及对所处生态位的认识与把握,通过运用战略协调自身和环境之间的关系,不断选择、扩展和跃迁自身的基础生态位以及使自己的实现生态位不断地接近基础生态位的动态过程。[5] 有研究者用生态位理论对省域高等教育发展进行了综合研究,提出应增强教育生态活力、改善外部环境、调整总体布局、优化层次结构、实现可持续发展。[6]

2. 生态位与高校战略发展研究

有研究者给出了学科生态位宽度和学科关联度的测度方法,构建了学科生态系统发展模型,并进行了仿真分析。[7] 建立了大学生态位战略分析框架,解析了影响战略选择的变量,揭示了战略组织与实施的内在逻辑,探寻了战略评估

---

① 楚旋,冯瑞华,吴宏远. 高校战略管理能力结构研究[J]. 现代教育管理,2015(11):13-18.

② 黄乃文. 高校战略管理浅析[J]. 教育与职业,2010(5):19-21.

③ 成雁瑛. 我国高校生态位研究:概念、应用及发展趋势[J]. 大学教育科学,2016(4):38-43.

④ 张庆辉. 大学战略管理实质的再认识[J]. 高教探索,2011(3):11-13.

⑤ 张庆辉. 生态学视野下的大学战略管理[D]. 武汉:华中科技大学博士学位论文,2010.

⑥ 王峰. 教育生态视域下江苏高教发展研究[D]. 南京:南京农业大学博士学位论文,2014;王国亮. 生态学视域下广西高等教育结构优化研究[D]. 南宁:广西师范大学硕士学位论文,2011.

⑦ 郭树东. 研究型大学学科生态系统发展模型及仿真研究[D]. 北京:北京交通大学博士学位论文,2009.

与控制的方法路径。① 新建本科院校总体的生态位战略是竞争战略、移动战略、共生战略、协同进化战略，一般大学的生态位战略是差异化战略、多元化战略、专业化战略、价值维持战略、关键因子控制战略等。② 大学学科发展存在战略趋同、布局不合理问题，导致特色不鲜明、资源利用低效，因此，可以窄生态位模式和宽生态位模式应对之，以实现学科生态位分化，扩充或特化学科生态位，实现学科群协同进化。③ 刘志峰着力于构建高校发展战略的内容体系，陈娟娟提出了地方高校发展的生态位战略。④

3. 生态位与高校定位研究

有学者指出我国高校存在高位低移、低位高攀和同位相类的高校角色错位现象。⑤ 新建本科院校存在的定位趋同、无特色、规划盲从等问题，可以差异化战略、专业化战略应对之。⑥ 生态位理论是指导大学定位的普适性的一般原理，尊崇生态位办学定位理念，倡导大学的多样化、个性化的良性生态的定位与发展。⑦ 梅丽珍认为许多高校定位单一、趋同，以生态位理论研究高校发展定位有一定的理论和现实意义。⑧ 胡春蕾认为可从生态学的视角给出高校发展定位的优化策略，建立布局科学、结构合理的高等教育生态系统，为高校可持续发展带来全新理念和契机。⑨ 鲁武霞以应用型本科院校生态定位为研究对象，强调其必须与学术型本科院校生态位适当分离，与专科、高职院校生态位适当重叠，确立本科职业院校功能定位及特色。⑩ 崔丽敏认为要把构建层次多样、特色鲜明的大学生态体系作为黑龙江高等教育分流定位的战略目标，使黑龙江高等教育

① 谢凌凌. 新建本科院校"生态位战略"的构建、运行与评价[D]. 南京:南京农业大学博士学位论文,2011.
② 龚怡祖、谢凌凌. 生态位战略:新建本科院校发展战略新选择[J]. 高教探索,2011(6):10-15;梁方正. 高等教育生态视角下的大学发展战略选择[J]. 中国电力教育,2011(11):1-2.
③ 郭树东,等. 我国研究型大学的学科发展战略定位模式与生态位对策[J]. 北京交通大学学报(社会科学版),2008(4):95-99.
④ 刘志峰、李景春. 高校发展战略选择的生态位视域[J]. 煤炭高等教育,2006(5):85-88;陈娟娟. 基于生态位理论的地方高校可持续发展策略[J]. 四川教育学院学报,2007(6):1-3.
⑤ 陈媛,肖云龙. 我国高校角色错位现象的生态位思考[J]. 交通高教研究,2003(2):9-12.
⑥ 黄小灵. 教育生态位视域下应用型大学定位与发展战略研究[J]. 浙江工商职业技术学院学报,2016(1):37-40.
⑦ 薛春艳. 生态位理论视阈中大学定位问题的反思[J]. 成都教育学院学报,2004(8):33-35.
⑧ 梅丽珍,等. 基于生态位理论的高校发展定位研究[J]. 吉林教育学院学报,2008(2):98-100.
⑨ 胡春蕾. 基于生态学理论的高校发展定位研究[J]. 科技展望,2014(23):235.
⑩ 鲁武霞. 应用型本科高校"转型":发展困境与生态定位[J]. 大学教育科学,2017(3):30-36.

结构实现共生竞争的基本形态。[①] 有学者认为地方本科高校转型发展的生态定位需压缩生态位维度、调整生态位功能、拓宽生态位空间。[②] 上官剑认为高校生态位是竞争的结果,对高校的分类是动态的,不是静止的,我们对高等教育生态位的认识还十分有限。[③]

4. 生态位与高校特色发展研究

纪秋颖提出高校的特色建设应遵循生态位分离和扩充原理,采取合理定位,差异化经营,减少生态位重叠及防止生态位错位,通过把握重点不断创新来发展自身特色。[④] 有的学者应用生态位理论论证了高校特色化发展的必然性。[⑤] 有的学者认为地方高校可通过差异化战略纠正错位问题,通过专业化战略解决趋同问题,立足地方实现特色发展。[⑥] 有的学者对省域地方高校的特色发展进行了探讨,从省域和大学两个维度推进省域高校特色发展,最终形成省域高等学校"整体有特色,学校有特点,毕业生有特长"的局面,建立起省域内不同层次、不同类型,高等学校结构合理、功能互补、错位竞争、协调发展的生态圈层。[⑦] 有的学者从关联性、适应性、共生性与平衡性方面对地方性高水平大学与区域发展之关系进行了生态分析,构建了区域特色高水平大学发展路径的分析框架,提出应充分利用区域优势资源,实现特色发展。[⑧] 有的学者指出地方高校特色学科生态化发展主要体现为特色学科生态位适宜、特色学科内部生态因子完善、特色学科与其他学科协同共生以及特色学科与外部环境相互适应四个方面。[⑨]

5. 生态位与高校核心竞争力研究

纪秋颖、林健认为高校核心能力就是高校占有、适应和提升其生态位的能

———————————

① 崔丽敏. 生态位视域下黑龙江高等教育定位问题研究[D]. 哈尔滨:哈尔滨工程大学硕士学位论文,2010.

② 蔡伟. 教育生态视阈下的地方本科高校转型发展探微[J]. 教育现代化,2016(33):93-95.

③ 上官剑. 高校定位中的错位与越位[J]. 黑龙江高教研究,2007(4):18-20.

④ 纪秋颖,林健. 基于生态位原理的高等学校特色建设[J]. 黑龙江高教研究,2005(3):8-10.

⑤ 刘在洲,张应强. 多学科视野中的高校特色化理论分析[J]. 现代大学教育,2004(3):20-23.

⑥ 罗玲. 基于生态位视角的地方高校办学特色建设[J]. 长春工业大学学报(高教研究版)2010(3):21-22;赵光宇. 生态位理论下我国地方高校办学特色化研究[J]. 商品与质量,2012(5):315;周真. 教育生态视野下的应用型特色大学建设研究[J]. 课程教育研究,2008(8):10.

⑦ 王少媛,王杨红. 生态位视域下省域高校特色发展的现实扫描及路径选择[J]. 现代教育科学,2011(7):30-32;杨柳. 地方院校办学特色研究[D]. 南昌:江西师范大学硕士学位论文,2006.

⑧ 赵磊,朱泓. 区域特色高水平大学发展路径探析[J]. 黑龙江高教研究,2015(5):24-26.

⑨ 邢曙. 地方高校特色学科生态化发展研究[D]. 兰州:兰州大学硕士学位论文,2010.

力,并从生态位的态势理论和高校生态系统出发,界定了构成上述三个分力的核心生态因子和所包含的内容。从高校内外部生态系统分析,从组织资本和社会资本两个角度建构,高校核心能力具有异质性、价值性、不易模仿性、延展性特征,从生态位高低、生态位适宜度、生态位进化动量三个层面设计了高校核心能力综合评价方法,并进行了实证分析。① 李军构建了高校生态位的态势模型、超体积模型、宽度模型、重叠模型、分离模型、适宜度模型和协同进化模型,并构建了高等学校生态竞争动力系统结构模型,确立了高等学校生态竞争评价指标体系建立的原则和方法,建立了中国高校生态竞争力评价指标体系。② 张信东等发现生源竞争、教师资源竞争、毕业生市场竞争和科研竞争是形成高校核心竞争力的主要因素。③ 有研究者将高职院校核心竞争力分解为生存力、适应力和进化力,构建高职院校核心竞争力评价指标体系,解决高职院校面临的困境,提高其核心竞争力。④

综上所述,生态位理论为高校合理定位、充分利用资源、特色发展、形成核心竞争力、制定和实施可持续发展战略提供了理论基础。但是,现有研究概念体系模糊、研究范式单一、实证分析不足,今后应廓清基本概念,拓宽学科视野,加强实证研究。⑤

二、高校发展战略制定与实施的原则与标准

(一)兼顾高等教育的"认识论"与"政治论"哲学

美国高等教育学家约翰·S. 布鲁贝克创造性地提出高等教育领域内存在两种互相冲突的哲学基础,即"认识论"与"政治论",且"政治论"越来越盛行,有取代"认识论"之势。⑥ "认识论"强调大学以知识和真理为唯一的追求,重视大

① 纪秋颖,林健. 基于生态位理论的高校核心能力分析[J]. 黑龙江高教研究,2006(5):8-10;林健、纪秋颖. 基于生态系统观的高校核心能力内涵分析[J]. 高教探索,2006(6):17-19;纪秋颖,林健. 基于生态位理论的高校核心能力评价与方法研究[J]. 中国软科学,2006(9):145-150.
② 李军. 基于生态位原理的中国高等学校生态竞争研究[D]. 天津:天津大学博士学位论文,2007.
③ 张信东,杨婷. 基于生态位理论构建高校核心竞争力的思考[J]. 高教探索,2008(1):57-60.
④ 成雁瑛,吴济慧. 生态位视域下高职院校核心竞争力的构成及提升路径[J]. 中国职业技术基于,2017(6):87-90;梁晶华. 生态位理论下高职院校核心竞争力评价指标体系构建研究[J]. 长春工程学院学报,2018(2):50-53;姜燕. 生态位理论下的职业院校核心竞争力问题研究[J]. 职教论坛,2011(25):57-59;王国光. 职业院校核心竞争力的生态学思考[J]. 职教通讯,2013(35):1-3.
⑤ 成雁瑛. 我国高校生态位研究:概念、应用及发展趋势[J]. 大学教育科学,2016(4):38-43.
⑥ 〔美〕约翰·S. 布鲁贝克. 高等教育哲学[M]. 王承绪,等,译. 杭州:浙江教育出版社,1998:15.

学的自治、自主以及学术自由,将大学看成"象牙塔",偏于精英教育。"政治论"主张关注社会经济、政治发展的需要,呼吁政府、社会组织参与大学的事务,将大学看成"巨型社会机构",偏于大众教育。"认识论"与"政治论"哲学的矛盾,本质上是大学如何在保持独立性基础上,协调与社会发展的关系问题。这种冲突只是理论假设,现实中的大学往往游走于"认识论"与"政治论"之间。在高校发展战略制定和实施过程中,应以"认识论"为根本,兼顾"政治论"。不追求知识与真理的大学就丧失了大学的本质,没有理想追求的大学将是社会的悲哀,缺乏自治与自由的大学不可能创新发展。过度关注社会需要的高校发展战略是对大学本质的损害。当然,大学也不可能孤立存在,甚至社会还需要大学以真理和理想引领其发展。应避免两种极端做法,把握好度。因此,高等教育的发展应该"既重视以追求真理为目的的纯理论研究,也要重视大学为社会服务"①。

(二)统筹系统性、动态性、整体性、根本性与个体性、静态性、层次性、表面性的关系

通过梳理教育内外部关系理论、战略管理理论以及生态位理论,我们发现其都特别强调把高校发展战略看成系统性、动态性、整体性和根本性的问题。高校发展战略也由整体大系统和各子系统组成,包括分析与定位、制定与选择、实施与控制等,内容涵盖目标定位、结构布局、学科建设、人才培养、制度文化等方面,是事关全局性、长远性、根本性的问题。但是高校发展战略又是个体性、静态性、层次性和表面性的。它主要表现为每所高校的发展规划与战略,落实到每个学院、教师和学生身上,必须关注高校当前的状况。从不同层次看,高校发展战略包括全国总体发展战略、省市或区域发展分战略、个体高校总体发展战略、高校内分发展战略,在不同层面解决不同问题的发展战略的制定要防止两种极端做法,处理好两方面的关系,坚持以系统性、动态性、整体性、根本性为主,兼顾个体性、静态性、层次性、表面性。

(三)协调独立性与隶属性的关系

在我国特殊的国情下,独立性与隶属性的关系本质上是高校与政府的关系。在制定与实施高校发展战略过程中,处理好高校与政府的关系至关重要。政府掌握着资源与权力,高校发展战略事关社会公共利益,与区域经济、政治、

---

① 李兵,张艳辉.布鲁贝克的高等教育哲学观[J].大连教育学院学报,2002(2):29-32.

文化关系紧密,且具有根本性、长远性、战略性,政府是高等教育产权所有者的主要代表人。因此,政府作为参与主体是合情、合理、合法的。但是,高校毕竟是独立的社会实体,拥有自身发展的规律和需求,具有一定的历史继承性。因此,应该以尊重高校的独立性为主,发展战略的具体事务应由高校解决,尽量依靠市场和高校自由竞争的力量去配置微观层面的资源。政府主要从宏观层面进行调控,协调社会与高校的关系,协调各利益相关方,不干预具体的教育事务。"'政府宏观适度控制'—'大学积极有限自治'是实现政府控制与大学自治之间平衡关系的应然路径选择,也是世纪之交合理定位政府与高校关系的基本要求。"[①]

第三节　地方高校发展的影响因素分析

地方高校在发展中,受到内外部诸多因素的影响,这些影响有的成为助力地方高校发展的积极因素,发挥了正向作用,而有的因素却制约了地方高校的发展,使地方高校无法实现资源优化配置,陷入发展困境。深入分析地方高校发展的影响因素,有利于厘清地方高校发展的内因、机制、障碍,以充分利用各种资源,实现地方高校高质量发展。

一、地方高校发展的内外部影响因素分析

影响地方高校发展的外部因素包括区位、产业、政府、文化等因素,内部因素包括资源、制度、大学文化等。其中,政府与地方高校的关系至关重要。

(一)外部因素分析

1. 区位

区位通常指事物所处的位置或该事物与其他事物的空间联系,既包含事物所处的地理位置、自然环境,也包含与之相关的社会经济环境。地理因素不仅为生物的发展提供物质条件,还对社会发展有深刻的影响。从理论上分析,区位因素对于地方高校的发展至关重要。首先,区位地理环境为地方高校提供了发展的基本空间和物质条件。极端恶劣的地区不适合人类居住,自然不适合办

---

① 尹晓敏. 寻求政府控制与大学自治的平衡[J]. 高教探索,2007(4):52-55.

大学。基本地理条件的满足是地方高校发展的前提,在满足基本条件的基础上其影响会相对减弱。地理条件对地方高校的影响主要体现在物质方面,但也影响着精神方面。教师和学生大部分来自地方高校所在区域,体现了我国地方高校的地方性特点。其次,区位生态对地方高校发展的影响是基础性的、全局性的、根本性的。区位生态是一个系统,它由许多相关的子系统组成,此系统是由在地理因素基础上的经济、政治、文化子系统组成。地理因素与其他影响因素有内在关联,它从根本上制约着区域的经济、政治、文化传统、人口等,它们共同构成区域社会发展的基底,对地方高校发展的作用不可替代。

从实践上看,一流大学基本位于区位优势地区。由于所处区域的不同,地方高校的发展参差不齐。牟占军以内蒙古高校为例,指出了区域对于地方高校发展的影响。内蒙古地方高校,由于受区域、环境以及欠发达的经济条件所限,其发展速度和水平与发达地区的高校有很大差距。[①] 与中央部属大学不同,地方高校主要服务于地方发展,同时也依靠地方的支持。刘明贵研究指出,中国西部地区经济社会发展状况、政府权力、市场需求、学科特色等都制约了西部高校的发展。[②] 在世界大学排名中,前50所高校,我国占据5所,分别为清华大学、香港大学、北京大学、香港科技大学、复旦大学,其所在区域皆为发达地区。统计分析中国大学和世界一流大学的区域分布,发现它们基本位于区位优势地区。由此看出区域对于大学的发展的确起到了十分重要的作用。

2. 产业

依据马克思主义基本原理,经济基础决定上层建筑。区域产业发展既为地方高校发展提供经济基础,又对地方高校提出要求,它制约着高校发展的速度、规模和结构。首先,区域产业的发展为地方高校提供经济基础。大学自身并不进行直接的物质生产,但是大学要消耗大量的物质资源。归根结底,大学赖以发展的物质基础是经济发展所提供的。从某种程度上说,区域产业发展水平决定了地方高校的发展水平。区域经济水平对地方高校发展的影响不仅体现在物质基础的总量上,更体现在质量上。比如地方高校基础设施的质量和结构、大型仪器设备的技术水平、图书情报资料的先进程度,均深受区域产业技术水平的制约。所以,经济基础不仅是数量问题,更是质量问题。其次,区域产业的

---

① 牟占军. 内蒙古地方高校的发展现状及战略思考[J]. 内蒙古师范大学学报(教育科学版),2014(7): 4-7.

② 刘明贵. 中国西部地方高校定位及发展战略研究[J]. 科技进步与对策,2005(9):41-43.

发展水平对地方高校提出了人才和科研的需求。对于地方高校来说，其所在地的经济情况在一定程度上影响着地方高校的发展。区域经济发展水平制约着地方高校发展的速度、规模、结构。① 区域产业发展水平决定了当地对高等教育人才需求的总量，产业结构的调整和升级影响着地方高校专业结构的调整。一定的产业代表着对一定人才数量和质量的要求。区域产业结构不断升级，旧产业不断被淘汰，新产业不断兴起，这要求地方高校不断调整人才培养的质量和规格，适应经济发展的需要。最后，人才和科研是大学与产业联系的中间环节。产业为大学发展提供经济基础，提出教育需求，都是以人才培养和科学研究为中介的。

3. 政府

地方高校即位于地方省市，由地方政府管理，其学生和教师主要来源于本区域，通过培养人才、学术研究等功能主要为地方经济社会文化发展服务的高等学校。在办学经费和学校管理上，地方高校多受制于地方政府。毛元平指出我国地方高校与地方政府之间的关系，突出表现为政府本位的模式。② 谢菲也认为高等教育中无论是管理层级还是资源配置都是政府主导的。③ 大学与政府的关系，是现代大学制度中的重要内容，在不同的国家，大学与政府的关系存在不同模式。在美国，大学与政府之间是一种大学自治基础上的州政府协调治理模式；在英国，大学与政府之间是基于古典传统的大学自治模式；在法国，大学与政府之间是学术自由基础上的政府治理模式；在德国，大学与政府之间是大学自治基础上的联邦与州政府合作治理模式。国家大学与政府之间的关系有着鲜明的国家特色，既与其大学文化传统，也与其国家政治制度和高等教育发展程度密切相关。欧美国家的大学法人地位和自主性得到了保障，大学与政府之间保持着合理的张力。④ 在大学与政府之间，需处理好权限边界、利益边界、责任边界，从而为构建二者的和谐关系提供现实可能。⑤

首先，政府与大学的关系是影响大学发展的根本因素之一。现代大学起源于中世纪的西欧，加拿大著名高等教育专家许美德认为大学最根本的学术价值观是自治权和学术自由。但是，对于中国来说，"'大学'这个概念却有可能意味

① 吴亚光. 区域经济发展与地方高校战略的关系及隐形假设分析[J]. 区域经济评论,2013(4):77-81.
② 毛元平. 我国地方政府与地方高校关系问题探析[J]. 教育职业,2007(26):28-30.
③ 谢菲,高炜晨. 高等教育改革中政府与高校关系的研究[J]. 当代教育实践与教育研究,2018(7):248.
④ 别敦荣. 现代大学制度:原理与实践[M]. 青岛:中国海洋大学出版社,2018:7-14.
⑤ 徐建. 政府与高校关系边界论[J]. 理论与改革,2013(4):134-136.

着完全不同的学术机构"①。西方大学的自治权和学术自由是长期与政府、教会、世俗斗争的结果,为保持大学的国际性、独立、自主、民主与自由做出了重要贡献。诚如陈寅恪为王国维所撰碑铭:"惟此独立之精神,自由之思想,历千万祀,与天壤而同久,共三光而永光。"英国哲学家密尔深刻论述了自由的内涵,"最广义的良心的自由""趣味和志趣的自由""个人之间相互联合的自由",②而这三者完美的结合体就是大学。自治权和学术自由堪称大学传承创新文化、引领科技潮流的法宝。

其次,政府本位模式的形成是历史、文化传统、政治制度综合作用的结果。我国的现代大学制度是从西方引进的,传统上的官学、书院等早已消逝。虽然传统教育的物质形态和制度形态基本消亡了,但是它的精神形态和心理形态依然传承了下来,且深刻影响着现代大学的发展。如教育传统中的"官师合一""学在官府""学而优则仕""述而不作",其官本位主义、功利主义、权威主义思想与现代大学精神格格不入。所以,我国现代大学在物质和制度上是新的,在精神上却是旧的。政治制度的形态对政府与大学关系的形态也具有重大的影响。一般来说,分权制下的大学自主权较高,集权制下的大学大多依附于政府。我国现代大学继承了民国大学传统、解放区大学传统,借鉴了苏联大学体制的经验,改革开放后又吸收了欧美各国的先进做法。所以,这种政府与大学关系的模式是历史、文化传统、政治制度综合作用的结果,是适合我国的,是内在发展的结果。

最后,政府本位模式有其自身的优缺点。当然,大学与政府关系的每一种模式都有优缺点。政府本位模式最大的优点在于政府强大的组织动员能力。依靠行政力量迅速高效地满足大学对资源的需求,借助政策协调大学发展的偏差,以法律为基准规约大学的不当行为。政府本位模式的缺点是:政府掌握的大学相关信息不完整;政府也是理性的经济人,它考虑问题的出发点是自身利益的最大化;政府出于政治目的,往往难以较好把握干预大学的度;政府干预大学缺乏外在的监督,容易造成依附现象。

4. 区域文化

一方水土养一方人,文化的力量就在于潜移默化中便能影响塑造一个人乃

① 〔加〕许美德. 中国大学 1895—1995:一个文化冲突的世纪[M]. 许洁英,译. 北京:教育科学出版社, 2000:17-19.
② 〔英〕约翰·密尔. 论自由[M]. 许宝骙,译. 北京:商务印书馆,2018:17.

至一个群体。雷晓云认为区域文化对地方高校办学特色的影响主要体现在：区域文化发展对地方高校发展提出了内在的要求，地方高校的发展一定要满足区域文化自身的发展需求；区域文化是影响地方高校办学特色的中介，区域文化作为一种文化原型，潜移默化地影响与制约着人的思维认知和心理性格的生成与发展，影响着人的价值观念、思维方式和由此而产生的行为方式；她还以哈佛大学为例分析了区域文化影响地方高校的具体特质。①

区域文化即地方居民生活的样式，凡是打上了当地人活动烙印的部分都是文化，包括物质形态、制度形态、心理形态和精神形态的文化。文化是与自然相对的概念，强调了人为性，其核心是精神文化，尤其是价值观念。首先，区域文化对地方高校的影响主要是精神层面的，尤其体现在价值观和心理方面。虽然说部分大学的课程直接来源于区域文化，大部分教师和学生也来自当地，但是区域文化对地方高校更重要的影响是在精神层面。"海派"文化熏陶下的高校与"京派"文化浸润下的高校截然不同；沿海开放文化熏陶下的高校与内陆封闭文化浸润下的高校风格迥异；现代大都市文化熏陶下的高校与县城文化浸润下的高校不可同日而语。其次，区域文化对地方高校的影响具有弥散性。文化对大学的影响是全方位的、系统性的，浸润在教育的所有方面，且具有持久性。如师生所用的方言，语言绝不仅仅是交流的工具。伯恩斯坦认为语言反映着社会关系，精密编码语言具有普遍性、关联性、抽象性和规范性，主要存在于上、中层阶级的语言中；局限编码语言具有特殊性、孤立性、具体性和不规划性，主要见诸下层阶级的语言中。方言同样反映地方社会关系，它是地方文化的集中反映。

(二)内部因素分析

1. 资源

归根结底，人天生具有不可磨灭的欲求，而用以满足欲求的优质资源是有限的，以有限对无限，在缺乏外在约束的条件下，必然会发生"争""乱"。故《荀子·性恶》："然则从人之性，顺人之情，必出于争夺，合于犯分乱理而归于暴。"因此，在优质资源竞争中获胜的一方，必然是最后的胜利者。

人力资源是高等教育发展的第一资源。正如梅贻琦先生所言，"所谓大学者，非谓有大楼之谓也，有大师之谓也"。教师是大学中最重要的人力资源。首

---

① 雷晓云. 试论区域文化对地方大学办学特色的影响[J]. 荆楚理工学院学报,2014(3):65-68.

先,教师是进行教学、科研工作的主体,是实践学校民主管理的主人。教育是两个主体间灵魂的交流、心灵的对话,教学是一项艺术,是人格的陶冶。因此,只有教师而不是机器才能实现真正的教育。文化创造、科技创新也需要灵感、顿悟,是理性与非理性综合作用的结果,融知识、情感、意志、行为于一体。因此,非高级知识分子不能担当此任。其次,知识、经验丰富,教学能力高超,学术水准优异的优质教师资源是大学皇冠上的明珠。大师对大学的意义不言自明。大师之所以拥有巨大的影响力,不在于其知识和经验,而在于其开风气之先的学术视野、忧国忧民的人文关怀、不计功利的批判精神、春风化雨的人格教化、矢志不渝追求真理的信仰。最后,教师的精神状态决定着大学的精神气质。教师的精神状态是教师所表现出的精神、心理氛围,不可言说却影响深远。地缘、学缘、兴趣爱好、性格特点、价值追求等,都是形成教师整体精神状态的关键影响因素。因此,教师整体的精神状态决定着大学的精神气质。有研究者认为,由于多方面的原因,地方高校在专业、课程、办学、科研等方面都比较薄弱,因此对教师人力资源的开发与管理尤显迫切。①

　　学生是大学发展的重要人力资源,也是容易被忽视的方面。首先,学生发展是高等教育的最终目的。青年是未来的主人,高等教育的目的无非是促进学生全面发展。其次,学生是教育的主体,只有学生积极主动地参与教育工作,才能实现真正的发展。除了教师,学生是教育最重要的参与主体。学生通过认识教材、与教师交流、参与实践教学,最终实现自身的发展。学生主动积极地参与是教育功能实现的前提。最后,学生是大学最重要的社会资本。同学关系在我国具有极重要的价值,校友是学生与大学间重要的纽带。借此纽带,学生与大学实现了良性互动。学生在大学中获得了知识、能力、素质等,大学得到了校友回报的名誉、物质资源、社会资本等。

　　行政人员是大学不可或缺的人力资源。首先,各级各类行政人员承担着大量繁杂的行政事务性工作,使得大部分教师可以全身心地投入教育、科研工作中。这种工作分工有利于行政人员和教师的专业化发展,提高了各自工作的效率,节省了各自的时间和精力。其次,行政人员协调各方面的工作,起到了润滑剂的作用。现代大学的内部机构庞杂,各学院之间、各部门之间相对独立和封闭,其沟通成本较高。如果没有行政管理者的协调,它们很难组成一个有机的整体。再次,行政人员是大学与外部发生联系的中介,尤其是大学与政府间的

---

① 于洪兴. 转型期高校教师人力资源管理:现状、问题与对策[D]. 苏州:苏州大学硕士学位论文,2008:1.

中介。行政人员是大学与社会联系的纽带,他们既代表大学的利益,又反映社会的需求。总之,行政人员在大学中是不可或缺的,他们是大学发展的重要一员,是协调大学内部关系的润滑剂,是连接大学与社会的桥梁。

近来,社会各界普遍关注大学内部行政化问题。大学内部行政化指行政人员以行政权力压制学术权力,使学校的价值取向扭曲,造成大学内部的官本位主义,教师不专心专业工作。各方也提出了去行政化的理论和政策建议。然而,德国社会学家马克斯·韦伯早就深刻论证了科层制是现代社会组织的本质特征。科层制即理性化的官僚制,按级别规定了不同职位的义务与责任,有明确的升降级规则以及奖惩制度。相较于旧制度,科层制最大的优点是"理性化"。因此,去行政化的实质并非去除行政组织和行政人员,而是使大学回归学术本位,清楚划分行政权力与学术权力的边界。学术是最终目的,行政为学术服务,学术有最高决定权。大学行政化问题反映的是官本位主义、集权主义,问题的根源在社会,表象在教育,单靠大学的力量很难从根本上解决。此外,领导在大学发展中起"领头羊"作用。2014年,中共中央办公厅印发的《关于坚持和完善普通高等学校党委领导下的校长负责制的实施意见》明确了党委领导下的校长负责制的内涵,即党委统一领导学校工作,高等学校的党委是学校的领导核心,履行党章等规定的各项职责,把握学校发展方向,决定学校重大问题,监督重大决议执行,支持校长依法独立负责地行使职权,保证以人才培养为中心的各项任务完成;校长是学校的法定代表人,主持学校行政工作,在学校党委领导下,贯彻党的教育方针,组织实施学校党委有关决议,行使《高等教育法》等规定的各项职权,全面负责教学、科研、行政管理工作。此制度明确了党和国家在大学治理中的地位。[①] 不同领导的风格和行为对大学的发展有不同的影响。从性别角度看,女性领导具有独特优势,其特殊的认知方式、情感特征使得她们勇于献身、执着追求,在管理工作中善于发挥协调作用。[②] 此外,大学干部的领导行为更倾向于关注关系维度、以人为本,在领导风格上更倾向于民主型,这种领导行为和领导风格是干部领导力的核心部分。[③]

物力、财力也是大学发展至关重要的资源,资源匹配理论强调要重视两种

① 华原俊,孟超轮. 我国高校领导体制与西方教授治校比较研究[J]. 现代商贸工业,2008(4):146-148.
② 俞湛明. 论中国高校女性领导者的工作优势[Z]. 北京:第二届大学女校长国际论坛,2008:480-487.
③ 谢新水,刘涵慧,严文蕃. 高校管理干部的领导行为、领导风格和领导技能分析[J]. 大学教育科学,2014(2):33-38.

资源："一是学校实际掌握的资源；二是学校能够获得或争取的资源。"①资源状况决定了大学发展水平与发展的后劲，甚至有理论认为现有的大学分层状况就是资源配置的结果。对此已有深入的研究，不再赘述。

2. 制度

制度包括两个方面：一是有形的组织机构体系；二是组织机构赖以运行的无形的规则体系。制度存在的目的是满足个体和社会的某些需要，它就是荀子所谓的止乱之具——礼，借此方可化解无限的欲求与有限的资源之间的矛盾，实现和谐发展和资源的有效配置。制度本质上是规则，它是习俗不断演化的结果。制度就是正规性、强制性的习俗。制度与文化有着千丝万缕的联系，甚至可以说文化是制约制度的根本因素。

现代大学制度对大学发展的深远影响，已被各国的教育实践和教育理论所证实。现代大学制度也包括有形的组织机构和无形的规则体系两部分，如大学组织结构、内外部管理体制、规章制度、文化传统。现代大学制度是大学历史演进的结果，是适应现代大学和现代社会的需要，是中国大学管理体制改革和中国特殊国情的产物。有研究者认为我国大学制度的主要问题是：大学未建立独立的法人地位，受官本位影响，仍然按计划体制运行，功能定位模糊，缺乏成熟而独特的精神和文化传统。② 从有形的方面看，我国大学制度主要包括教学学院、科研院所、管理服务部门（党政部门、群团组织、直附属单位）。每个二级组织机构又可细分为三级、四级组织机构。以教学学院为例，其下属部门包括教学系、研究室、三级管理服务部门等。从无形的方面看，我国大学制度主要包括大学章程以及各级部门制定的相关规章制度。这是典型的科层制，即韦伯所谓的"理性的官僚体制"，这是现代社会组织的核心部分。由专职人员组成的行政管理机构有效地保障了庞大的大学组织的运行。官僚制是经济合理性的高度体现，它把大学变成了一架非人格化的庞大机器，使一切行为都建立在功能效率关系的基础上，以保障大学最大限度地获得效益。这是现代大学制度不可避免的命运，它淡化了对价值理想和意识形态的追求，专注于功能效率；无情地剥夺了人的个性自由，使大学深深地卷入以手段支配目的甚至取代目的的过程。大学中的科层制表现为严格的职务或等级序列，程序化的命令——服从关系，非政治化的管理，法律化的等级制度，完全排除个人感情的纠葛，不允许个人越出

① 别敦荣. 高校发展战略规划的理论与实践[J]. 现代教育管理，2015(5)：1-9.
② 别敦荣. 我国现代大学制度探析[J]. 江苏高教，2004(3)：1-3.

权利义务体系,讲求可操作性和效率甚至功利主义,完美的技术化程序和手段,依赖专家,管理越来越科学化。大学科层制表现出非人格倾向、技术化倾向、形式合理性,它的主要弊端恰恰在于此,因此造成其成员的物化和原子化,若没有充沛的热情和坚定的信仰,个人是不可能在其中实现个性发展的,更不可能做出创造性的成就。

关于制度对大学发展的影响,特别强调以下三点:第一,科层制是现代大学制度不可避免的结果。如果过度强调扩大公共领域,如极端的民主治校方式,必定导致大学运行效率的降低、秩序的混乱,甚至发展水平的倒退。第二,文化是决定大学制度价值倾向的因素。科层制虽然是现代组织不可避免的制度形式,但是不同的民族文化、区域文化、大学文化下的科层制表现出极大的差异性。一种文化的价值观念、思维方式引导着科层制的价值取向。第三,为克服科层制的弊端,大学制度的改革必须以精神因素为切入点。只有感情充沛、信仰坚定、目标明确、意志坚定、充满信心、具备高度责任感,只有以信仰感召行动方可获取始终如一的力量源泉,才能培养个性、创造性。精神信仰始终处于统领地位。

3. 文化

广义上说,大学文化即大学人生活的样式,凡是打上了大学人活动烙印的内容都是大学文化,它包括物质形态、制度形态、心理形态和精神形态的文化。大学文化的核心是精神文化,尤其是价值观念、思维方式。大学校园内的自然环境、人为环境都是大学文化的物质形态。校园文化首先体现为校园的环境建设,高校一定要合理建设校园的自然环境,精心设计,寓文化教育于环境之中,将自然之美与人文之美融合于一体。① 大学内的组织机构、规章制度本质上也是制度形态的文化。狭义上说,大学文化即大学师生在教育活动中形成的教育价值观念、教育思维方式、教育理想信念、教育行为规范和教育精神等。

大学文化从表现形态上可分为物质文化、制度文化和精神文化。它们的区别在于表现形式,但都是人文精神的表现。楼宇亭阁、一草一木、块石片水、学院处室、大学章程,无不渗透着大学特有的文化传统和价值理念。归根结底,大学文化的本质在于其人文性,即人为性,尤其是精神性的部分,如价值观念和思维方式是核心。大学文化对于大学的发展至关重要,甚至可以说大学文化、大

---

① 徐佩红,翁礼成. 高校校园文化建设中存在的问题与对策[J]. 教育探索,2011(10):96-97.

学精神是大学的根本。首先,大学应该将精神文化作为文化建设的关键来抓。大学精神是大学文化的理想,如果放弃了理想,大学文化只能沦落为漂泊的孤儿。其次,大学文化应该以精神文化为统领,统筹规划其他形态文化建设。东一榔头西一棒槌的做法虽有些成效,但终归不利于形成统一的文化合力。大学文化不像知识一样可以被学生直接吸收,它潜移默化地影响着学生。最后,大学文化始于自由、自治的传统,大学精神是各个大学独特发展的结果。所以,大学文化建设需要坚持历史传统,从历史中总结提炼伟大的精神因素,构建各自独特的价值观念和思维方式。

有研究者对大学文化的内涵和类型进行了研究。郑金洲教授认为学校文化的核心是学校中各群体所具有的思想观念和行为方式,尤其是价值观念;学校文化可能促进或阻碍教育目的的实现;学校文化是全体成员或部分成员遵守的观念和行为。[①] 叶澜教授把深入学校内部的文化称为"学校亚文化",它包括课程里所包含的文化产品,学校中人际关系的基本模式、人的社会行为的基本规范,学生非正式群体中的亚文化,校园环境文化及学生课外活动等。[②] 因此,大学文化有三种文化类型,即教师文化、学生文化和课程文化。教师文化首先表现为阶层性,不仅教师是一定社会阶层的代表,教师内部也存在着一定的社会分层。教师在文化特征上还表现为自主性和专业主义。有研究者认为影响教师以上特征的主要因素是年长、教师所教的学生状况、教师所教的学科等。[③] 从教师功能和信仰的视角,可将教师文化分为学术型和学生事务型。从教师角色的视角,可将教师文化分为驯狮型、娱乐型和浪漫型。学生文化产生于大学生对共同面临问题的解决,产生于社会文化的价值延伸,产生于社会结构中的矛盾。依据学生的身心特征,可将学生文化分为学习型、娱乐型、职业型、非顺应型;依据不同水平,可将学生文化分为国家水平、学校水平、校内水平;依据不同特征,可将学生文化分为社会阶层文化、年龄文化、同伴群体文化。[④] 课程文化包含两方面:课程作为文化的载体,体现了一定社会群体的文化;课程是一种文化形式,其本身具有文化特征。[⑤] 大学依据培养目标,从文化总体中选择合适的部分,再根据教育规律进行改造,最终组成大学的课程体系。课程体现了主

---

① 郑金洲. 教育文化学[M]. 北京:人民教育出版社,2014:247.
② 叶澜. 教育概论[M]. 北京:人民教育出版社,1991:166.
③ 郑金洲. 教育文化学[M]. 北京:人民教育出版社,2014:276-277.
④ 郑金洲. 教育文化学[M]. 北京:人民教育出版社,2014:334-344.
⑤ 郑金洲. 教育文化学[M]. 北京:人民教育出版社,2014:296.

流文化,蕴含着一定的隐性文化。

有研究者指出地方高校在师资、科研、资源、政策环境等方面存在先天不足,因此,努力建构学术本位型组织文化,寻求文化驱动型发展模式的转向,将是地方高校克服不利因素、谋求跨越式发展的务实性战略选择。[①]

综上所述,大学文化建设的关键是思想观念、行为方式,尤其重要的是价值观念。应以精神信仰为根本,从教师、学生、课程入手,辅以优美典雅的自然环境和人文环境,通过涵养浸润,以隐形文化陶冶师生,实现大学文化的升华。

基于以上对地方高校发展的内外部影响因素分析,可以构建地方高校发展战略影响要素模型(图 2-1)。

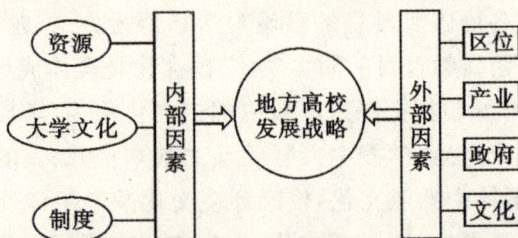

图 2-1　地方高校发展战略影响要素模型

二、政策驱动的地方高校发展战略及地方高校发展战略的相对独立性

(一)政策驱动的地方高校发展战略

1. 概念

有研究者认为高等教育政策的制定是由高校推动还是由高校之外的力量主导并强加于高校,反映了两种不同的高等教育驱动模式。美国是"典型的'由内到外'的决策模式",英国呈现了"由'由内到外'向'由外到内'模式的转变",而中国是"典型的'由外到内'的决策模式"。[②] 也有学者提出不同观点,认为驱动美国高等教育改革的是市场,驱动欧洲高等教育改革的是大学内在逻辑,而改革开放以来驱动中国高等教育改革的是政策。[③] 以第一种观点审视第二种观

① 左兵. 学术本位型组织文化:地方高校跨越式发展的文化战略选择[J]. 教育发展研究,2013(1):22-26.
② 樊平军. 高等教育政策驱动模式的国际比较[J]. 高教探索,2009(5):66-69.
③ 王建华. 政策驱动高等教育改革的背后[J]. 清华大学教育研究,2019(1):56-64.

点,市场是外部力量,大学内在逻辑是内部力量。以第二种观点衡量第一种观点,无论是美国的"由内到外"的模式,还是英国"由'由内到外'向'由外到内'模式的转变",都不是政策驱动的高等教育改革。但是,这些研究都反映了一个共同观点,即在当代中国的高等教育改革过程中,政府相较大学与市场来说,发挥着主导作用。因此,政策驱动是当代中国高等教育改革的主导模式。政策驱动的地方高校发展战略是指,政府借助于政策的力量主导地方高校为达到一定的发展目标而进行的全局性、长远性、根本性的谋划。需要注意的是,地方高校发展战略事关全局性、长远性、根本性的问题,涉及大学与市场、大学与社会、大学之间的关系,牵涉全国、各省市或区域范围内的高等教育发展,关系到各方的利益,需要政府在其中发挥重要作用。但是,大学才是发展战略的直接利益主体和实践者,如果无视大学的积极参与和主动性的发挥,其效果将大打折扣。

2. 成因

高等教育管理体制的影响。政治制度深刻影响着教育管理制度。中华人民共和国成立以来,经过大规模的接收、调整、合并,高等教育已经实现了以公有制为主的所有制形式。从产权制度上说,国家拥有高等教育的所有权、处置权、收益权、使用权等。因此,政府作为产权所有者的代表,参与制定高校发展战略具有合法性。同时,与公有制相适应,高等教育建立了以政府投资计划办学为特征的办学体制,政府主导、政事驱动的地方高校发展战略模式也成为主要模式。

"计划""规划"及"改革"话语。自从我国政府制订第一个"五年计划"以来,这种苏联模式的计划经济的典型做法被完美地移植到了中国。虽然"计划"现在已经被"规划"所替代,但是几十年来的路径依赖难以改变,其基本模式依然顺延下来了。"计划"本质上是"理性建构主义",英国学者哈耶克认为这是一种"致命的自负"。[①]哈耶克认为"计划"所面对的问题是真实的,其理想和价值追求也是美好的,但因其手段和方式不当,最终会走上"通往奴役之路"[②]。由于人类有限的理性,政府追求自身利益,信息不对称、不完全,社会复杂且变化太快,"计划"很难取代"市场"实现微观层面资源的优化配置。此外,"改革"本来是个中性词,近代以来人们越来越赋予其积极的价值倾向,反对改革的就是保守,提倡改革的就是进步。从某种意义上说,高校发展战略是改革的体现。

---

① 〔英〕哈耶克. 致命的自负[M]. 冯克利,等,译. 北京:中国社会科学出版社,2000:5.
② 〔英〕哈耶克. 通往奴役之路[M]. 王明毅,等,译. 北京:中国社会科学出版社,1997:1.

3. 机制

依靠强制性政治权力做后盾，以竞争机制、激励机制和约束机制为手段，政府将高等教育政策推行到高校。首先是竞争机制。政府所提出的发展战略往往具有一定的模糊性，如高等教育资源的分配，需要各高校在竞争中展开争夺。政府掌握着权力和资源，竞争主要在高校之间展开，所以在竞争中是否取胜的关键是高校发展是否符合政府提出的标准，而这些标准制定的科学性与否成为影响大学发展方向的重要因素。其次是激励机制。政府根据高校执行发展战略规划的情况，对积极者予以额外的经费补贴，将某些典型高校树立为榜样，给予优秀者以荣誉或晋升。这是一项集精神激励、薪酬激励、荣誉激励、工作激励于一体的"组合拳"。最后是约束机制。对于违反政策者予以削减经费或罚款的处罚，通过颁布各种相关政策法规对高校活动进行控制和约束，通过签订责任状约定高校的权责。这是一项集利益约束、规范约束、责任约束、权力约束于一体的"组合拳"。

4. 后果

这里不再关注政策驱动的地方高校发展战略的长处，而主要论述其不良后果。首先，政府管理的负担过重，往往顾此失彼，计划难以实现。一方面，关于高等教育的信息过于复杂，且情况千变万化；另一方面，计划者的理性能力有限。加之计划的后果超出预期，计划者多顾此失彼。其次，目标容易被歪曲，高校趋于敷衍应付。计划意味着一种外在的机制，诚如穆勒所言，只有自己才会做出最符合自身利益的选择。政府主导的"规划""纲要"容易成为高校的负担，目标仿佛是政府的而不是高校的，高校只是执行者。政府在制定高校发展战略时可能会背离高校的实际情况和愿望。[①] 最后，高校被人为地分层分类，这是非竞争情况下理性建构的结果。高校被标签化，重点、非重点，部属、省属、市属，"985工程""211工程"，这种分层不是自由竞争的结果，而是人为造成的。决定标签的是政府权力，而不是高校的学术和教学。

政策驱动的地方高校发展战略模式恐怕难以长期维持，市场经济体制下，市场正逐渐发挥配置高等教育资源的主导作用，政府应向宏观调控转型，以适应经济社会发展的需要。[②]

---

① 谢飞厚. 政府与高校关系的中外比较[J]. 湖北大学学报(哲学社会科学版),2004(6):737-739.
② 郭兆红. 以战略管理引领地方高校转型发展[J]. 教育理论与实践,2017(15):12-14.

(二)地方高校发展战略的相对独立性

地方高校在发展过程中不可避免地会受到外部因素的影响,但地方高校也有自身发展的相对独立性。随着高等教育体制的改革,地方高校的自主权逐渐增大。政策驱动的地方高校发展战略,使地方高校往往处于被动接受的状态,突出表现为:地方所制定的计划、指标和规划等,是在缺乏与地方高校进行充分协商的情况下做出的,带有很强的指令性或刚性色彩。地方高校应从教育的外部关系规律出发,充分认识并处理好自身发展与地方发展的关系,争取地方的大力支持;从教育的内部关系规律出发,把握好办学类型与层次定位。①

首先,地方高校发展战略具有自身的规律。同一般的经济、社会问题不同,高校发展战略遵循着教育内外部关系规律,受高校、政府、社会关系深刻影响。教育是一项培养人的事业,区别于其他社会活动。有研究者认为学术自由、大学自治是高等教育独立性的根基和表现形式,"高等教育独立性的本质是文化独立",要确保高校的独立性,就要做到程序自主,重建大学文化,引领社会发展。②

其次,高校是发展战略的直接利益主体和实践者,其主观能动性的发挥至关重要。高校对自身最了解,也最能够从自身利益最大化出发考虑问题,只有高校充分参与才能使战略落到实处。发展战略关乎全局、长远和根本,包括目标定位、结构布局、学科建设、人才培养和制度文化,没有高校的积极投入结果难以想象。有学者认为落实高校办学自主权很重要,其中决策权(改革权和发展权)是核心和关键。这是社会发展及高校发展的客观要求,是高校发展客观规律的要求。③

最后,高校发展战略具有历史继承性。每所高校都有其历史传统,高校的发展战略也不例外。高校本身既有继承,又有现实发展,如大学自治、学术自由等均遵循这一规律。④ 高校发展战略制定者不能完全无视这种传统,否则高校难以接受这一战略,其执行过程也必然会遇到巨大的阻碍,不可能取得良好的效果。

① 惠泱河,杜育峰. 地方高等学校的合理定位与发展策略选择[J]. 西北大学学报(哲学社会科学版),2006(3):142-145.
② 李峻. 论高等教育的独立性[J]. 复旦教育论坛,2007(4):36-39.
③ 林正范,吴跃文. 论高校办学自主权的含义、依据与范畴[J]. 上海高教研究,1994(2):51-54.
④ 张蕊. 中国语境下现代大学制度的历史继承与现实发展[J]. 现代传播,2013(9):149-150.

三、地方高校与区域发展良性互动典型案例

(一)地方高校与地方经济发展

现代社会中"大学是象牙塔的说法过时了","相反有一张庞大而复杂的关系网把大学和社会其他主要机构连接起来"。① 服务社会是高校的主要职能之一,服务地方经济社会发展都应该成为地方高校战略发展的题中之意。地方高校离不开地方政府和社会在政策、经费、资源等方面的支持,地方的发展也离不开地方高校的人才与智力支撑,双方只有构建起良性互动的命运共同体,才能实现共同发展。

在山东青岛,谈及与青岛关系紧密的高校,当属青岛大学。青岛大学原党委书记、校长范跃进曾指出,"大学之用,在于对社会贡献之大","学科建设的最终目的并非追求排名,服务地方科技创新、契合社会经济发展才是本真"。为对接青岛市新旧动能转换,青岛大学瞄准财富管理、新材料、新能源等重点产业的发展需求,面向全球吸引高水平科研团队,组建了财富管理研究院、大数据技术与智慧城市研究院、海洋纤维新材料研究院、石墨烯应用技术创新研究院、标准化研究院、能源与环境材料研究院、非织造材料与产业用纺织品创新研究院等34个校直属研究机构,鼓励教师成立学科型公司,就地转化科技成果。其中,刘敬权教授以专利入股的青岛华高墨烯科技股份有限公司,已于2016年1月在新三板成功上市。董蒨教授与海信集团有限公司合作的3D医学影像与计算机手术辅助系统,成功在"国家'十二五'科技成就展"上亮相展出,催生了海信集团的新兴医疗仪器装备产业。张维忠教授与青岛公交集团合作精准采集大数据,为精准发车、高峰发车提供决策依据,创造了巨大的经济效益和社会效益。②

(二)地方高校与地方文化繁荣

地方高校与所处地域的文化是密不可分的。地方文化丰富而独特,浸润、陶冶和培育着一方人,也影响着地方高校的文化与精神,而地方高校扎根地方特色文化,吸收、改造、引领地方文化,是地方高校发挥文化传承与创新功能的有效路径。但地方高校在发展中,往往注重自身内在文化建设,而忽视了与地域文化的互动发展,在校、地共同推动和发展文化建设中,既缺乏理念,也缺乏

① 〔美〕德里克·博克. 走出象牙塔[M]. 徐小洲,等,译. 杭州:浙江教育出版社,2001:7.
② 郭菁荔. 大学之用,在于对社会贡献之大[N]. 青岛日报,2017-11-21(04).

配套机制,因而实际效果并不明显。①。地方高校可以通过体制内外引领的路径来实现对区域文化发展的引领:一是体制内引领,实现地方文化在高校的内生转化。即选择性地移植,将地方文化纳入教学活动;针对性地研究,将地方文化纳入研究活动;创造性地吸纳,将地方文化融入校园文化。二是体制外引领,辐射带动地方文化发展。地方高校在文化人才供给、文化成果转化、地方文化产业建设中发挥引领作用。②

在山东省地方高校中,与地方文化紧密融合的高校当属临沂大学。临沂大学是抗大一分校与沂蒙革命根据地共同孕育创建的革命老区大学,抗大精神和沂蒙精神成为临沂大学独特的红色基因优势,成为临沂大学人薪火传承、永续发展的力量源泉和文化因子,也成为学校办学育人的宝贵精神财富。学校注重把宝贵的沂蒙红色文化资源融入治校办学中,将抗大精神和沂蒙精神纳入学校思想政治教育体系,融入校园文化、人才培养、科学研究、社会服务、党性教育中,完善"用政治理论教化人、用文艺作品感染人、用校园文化熏陶人、用文化场馆引导人、用科学研究提升人"的系统化育人体系。通过传承抗大精神和沂蒙精神,学生们普遍把个人理想追求同党和国家的发展相结合。在抗大精神和沂蒙精神的激励下,一代代临沂大学人克服了一个个困难,跨过了一道道坎坷,实现了从培养专科生到培养本科生再到培养硕士研究生、从师范类院校到综合性大学的发展。学校建立了山东沂蒙文化研究院,获批首批全国高校思想政治理论课教师社会实践研修基地、山东省沂蒙精神研究基地、山东省高等学校党员干部教育培训基地,承办全国高校党建组织员、山东省"第一书记"和全省大学生选调生等的培训工作,发起举办沂蒙精神与群众路线研讨会、"三山一坡"革命精神研讨会和脱贫攻坚与革命老区创新发展研讨会、"传承抗大基因、弘扬沂蒙精神"研讨会等高层次学术会议,为抗大精神和沂蒙精神的传承做出了积极贡献,在临沂老区革命传统文化的建设与弘扬传播中发挥了辐射引领作用。③

(三)地方高校与地方政府的良性互动

位于鲁西地区的聊城大学,是一所省属地方综合性大学。学校独立办学半

---

① 李凤龙,张芬芬,郭峰. 地方大学文化引领地域文化发展存在的问题及价值诉求[J]. 教育探索,2014(2):95-98.

② 赵军. 地方大学引领区域文化发展的路径选择[J]. 三峡大学学报(人文社会科学版),2009(1):102-105.

③ 赵长芬. 两种精神办学,三项举措育人——临沂大学潜心培养担当民族复兴大任的时代新人纪实[N]. 中国教育报,2019-11-15(04).

个世纪以来,扎根聊城、服务聊城、融入聊城,以服务区域经济社会发展为己任,以建设国内一流区域综合性大学为目标,成为鲁西地区经济社会发展的重要智力源、创新源和人才库,聊城市委、市政府始终高度重视聊城大学的发展,从科教兴聊的战略高度,将聊城大学的发展与聊城市的发展紧密结合,融为一体,双方不断加强合作共建,形成了"大学依城市而兴,城市依大学而盛"的良性互动关系。

聊城市与聊城大学在探索校地共建过程中,通过项目合作方式,积极寻找双方互利共赢的切入点。例如,1999年,双方共同出资建设了聊城大学图书馆,由学校和社会共用,这种合作模式既满足了聊城大学师生教学科研的需要,也完善了聊城市的文化基础设施,发挥了校地优势互补、资源共享的作用。此后,校地双方又在综合实验楼建设上探索了校内实验教学、科研与聊城市社会经济发展所需要的科技检测实验等的学术共建途径。随着经济社会的快速发展,根据校地双方需要,聊城市与聊城大学联合探索成立了聊城发展研究院、鲁西化工工程学院、山东省抗体制药协同创新中心、聊城高新区生物技术研发中心、聊大新生源协同创新中心、聊城大学生物活性物质及临床营养研究中心、聊城大学生物医学研究院、组织工程与再生医学研究所、人类生殖遗传研究所、聊城大学中通新能源汽车研究院和审计产学研基地、聊城大学医学院、聊城大学中国智慧城市研究院、聊城质量发展研究中心等20余个科研院所和机构,聊城大学主动面向区域产业发展需要,专业链对接产业链,增设本科专业31个,建成机械材料、化学化工制药、农学、经管、文化创意等八大学科专业群,学科专业结构与区域产业结构高度契合。走进新时代,按照聊城市在全省争创一流、走在前列和聊城大学建设国内一流区域性综合大学的目标定位,聊城市与聊城大学签订进一步融合发展的协议,确立了"全面构建城校融合发展共同体,全面撬动和支撑聊城崛起,全面支持和推动聊城大学争建一流"的城校融合发展战略。协议将促进学科产业对接、高端人才汇聚、基础教育示范、产业升级助推、创新平台培育、大学科技园共建、新型智库建设、文化与文明引领、国际合作拓展、基层培训与学历提升十个方面融合发展。"全面深化与聊城大学的合作"被写进了聊城市人民政府工作报告,大学与地方成为"校地一家"、共生共荣的典范。①

---

① 王原,王秀清.校地一家,打造城校融合发展共同体[N].大众日报,2020-06-11(15).

第 三 章

山东省地方高校的发展现状及困境

本章主要应用 SWOT 分析法,对山东省地方高校的发展现状进行分析,探讨该类高校发展的内外部优势和机遇,并重点分析其劣势所在和遇到的威胁,进而分析地方高校发展所面临的困境。在此基础上,本章对山东省地方高校应采取的发展战略进行阐述。

第一节　山东省地方高校发展的 SWOT 分析

本节将采用 SWOT 分析法,分析山东省地方高校发展中的优势、劣势及面临的机会和威胁,形成对发展困境及前景的全面认知。

一、SWOT 分析法概述

SWOT 分析法即态势分析法,20 世纪 80 年代初由美国旧金山大学的管理学教授海因茨·韦里克提出。[①] SWOT 的四个英文字母分别代表 strength(优势)、weakness(劣势)、opportunity(机会)和 threat(威胁)。其中,strength 代表内在优势,是指在竞争中拥有明显优势的方面;weakness 代表内在劣势,是指在竞争中相对处于弱势的方面;opportunity 代表外部机遇,指比竞争对手更容易获得的或能够轻松带来收益的机会;threat 代表外在威胁,指不利的趋势或发展带来的挑战。这是一套在综合考虑企业内部条件和外部环境等各种因素的条件下,对整体进行系统评价,并采用策略配对的方法,利用内在的优势,克服本身的劣势,把握外部的机遇,避开竞争者的威胁,制定符合企业未来发展战略的

---

① 戴国立. 基于 SWOT 分析法的"四个深刻"对高校稳定的影响分析[J]. 郑州大学学报(哲学社会科学版),2012(6):94-96.

分析决策体系。①

SWOT 分析法在经济分析中应用较多。对于分析普通高校的发展问题,这一方法也同样有效。

二、山东省地方高校的 SWOT 分析

(一)优势(strength)分析

1. 发展规模逐步扩大

21 世纪以来,山东省高等教育实现了跨越式发展。比较明显的是,普通本专科生和研究生的招生规模持续扩大,相应地,在校生和毕业生数量不断增加。

截至 2019 年,全省共有普通高等学校 146 所,其中本科院校 70 所(含 10 所独立学院),高职(专科)院校 76 所;独立设置成人高等学校 11 所,数量位居全国第三。全省高等教育在校生(包括研究生、普通本专科生和成人本专科生)总规模为 285.46 万人,比 2018 年增加了 28.43 万人,在校生数居于全国首位。② 以省属地方高校为主要依托,山东省高等教育毛入学率达到 51.6%,跻身高等教育普及化第一阵营。

2. 发展质量稳步提升

2006 年 4 月 24 日,时任山东省教育厅厅长的齐涛在全省高等学校教学管理工作会议上提出,高等教育工作重心由外延发展向内涵发展转移。③ 十多年来,山东省高等教育从注重规模扩张的外延式发展转为以提高教育质量和办学水平为核心的内涵式建设,省属高校整体核心竞争力提升,积极融入区域经济社会发展,为区域创新活力增加、产业结构提升和人口素质提高等做出了不可替代的贡献。

办学条件明显改善。截至 2019 年,山东省普通高等学校占地面积 20.61 万亩,校舍建筑面积 5942.48 万平方米,图书藏量 1.89 亿册,教学科研仪器设备资

① 唐雯. 江西省普通高校分类视阈中的办学定位研究[D]. 南昌:南昌大学硕士学位论文,2008.
② 2019 年山东教育事业发展统计公报[EB/OL]. http://edu. shandong. gov. cn/art/2020/4/3/art_11994_8988309. html.
③ 王原,王沙沙. 从有山无峰到群峰崛起——山东率先提出高等教育内涵发展并付诸实施[N]. 大众日报,2012-09-29(10).

产总值 308.17 亿元。[①] 整体办学条件都得到改善。

教师队伍水平全面提升。截至 2019 年,全省普通高等学校共有专任教师 11.76 万人,其中,具有高级专业技术职务的人数占总人数的 40.83%,全省普通高校专任教师中硕士研究生及以上学历的人数占总人数的 61.51%。[②] 高水平师资占比逐年提高。

3. 政府政策供给持续增加

近年来,山东省政府出台了多项支持省属高校发展的政策。2012 年,山东省启动"高等教育特色名校建设工程"。该建设工程的目标是推动山东省高校科学发展,建设一批在深化教育教学改革、创新人才培养模式、提高人才培养质量、增强社会服务能力等方面发挥示范带动作用的高校,形成层次类别清晰、具有山东特色的高等教育体系。具体做法是在山东省地方高校中遴选一批应用基础型、应用型和高素质技能型人才培养特色名校,进行重点建设。目标是重点建设 3~5 所应用基础型人才培养的特色名校、10~15 所应用型人才培养的特色名校、20 所技能型人才培养的省级示范高职高专院校。[③]

2016 年,山东省教育厅下发的《关于印发推进高水平应用型大学建设实施方案的通知》指出,"十三五"期间,省财政将筹集 20 亿元,支持建设 10 所左右高水平应用型大学。计划到 2020 年,山东省将建成 60 个左右高水平应用型重点专业,进入全国同类专业排名前 10%;推动 10 所左右高校综合实力排名进入全国应用型本科高校前 10%;培育建设 40 个左右专业,逐步达到高水平应用型重点专业建设标准。[④] 适应现代农业、先进制造业、战略性新兴产业、现代服务业等经济社会发展需求,形成一批特色鲜明、优势突出的专业群。

2019 年,《山东省人民政府办公厅关于推进新时代山东高等教育高质量发展的若干意见》出台,计划用 10 年左右时间,实现 2~3 所高校在若干学科领域达到世界一流水平,20 所左右高校在同类型高校中达到国内一流水平,40 个左

---

① 2019 年山东教育事业发展统计公报[EB/OL]. http://edu. shandong. gov. cn/art/2020/4/3/art_11994_8988309. html.

② 2019 年山东教育事业发展统计公报[EB/OL]. http://edu. shandong. gov. cn/art/2020/4/3/art_11994_8988309. html.

③ 关于山东省高等教育名校建设工程实施意见[EB/OL]. http://jwcweb. lcu. edu. cn/mingxiao/? p=1491.

④ 关于印发推进高水平应用型大学建设实施方案的通知[EB/OL]. http://www. lcu. edu. cn/ztzx/zywj/170859. htm.

右学科达到国内一流水平,使我省高等教育综合实力位居全国前列,支撑和引领现代化强省建设。① 其中,要实施"双十"重点建设工程,重点建设 10 所左右省属本科高校和 10 所左右高职,冲击国内一流;并打造一流学科专业,建设一流课程资源,培育一流人才。

近年来,山东省为调动各方力量积极参与高校发展,集中力量推进高校高质量发展,积极推进省部共建、省市共建高校工作。共建工作有力地促进了相关高校的快速发展,在学科建设、人才培养、产教融合和科研创新及成果转移转化等方面取得了系列成果。目前,山东省省部共建高校已达 12 所。同时,积极推进与济南市、青岛市等高校所在地市开展省市共建济南大学、山东科技大学、临沂大学、潍坊学院、德州学院、泰山学院、枣庄学院、滨州学院、菏泽学院和济宁学院等。②

(二)劣势(weakness)分析

1. 地方高校整体实力不强

同高等教育发达地区比较,山东省地方高校"山多峰少"、整体竞争力不强等问题还很突出,与全省"走在前列"的要求很不相称。2019 年,在 70 所本科院校中,拥有博士点的高校只有 11 所。在全国排名前 300 名的地方高校中,山东省地方高校有 15 所,考虑到省际人口差异因素,在全国各省份中排名远低于浙江、江苏、辽宁等省份,与山东省的经济位次不相称。

以研究生这一高端人才的培养为例,与经济发展水平相近省份相比,山东省研究生培养规模偏小,以每 10 万人口拥有的研究生数计算,2019 年,山东省为 85 人,而江苏省为 211 人,约是山东省的 2.5 倍。2019 年山东省高校研究生在校生数 11.46 万人,占本专科和研究生在校生总数的比例仅为 5%,而江苏省的这一占比为 11%;本科生在校生数 110.18 万人,占本专科和研究生在校生总数的比例,山东省是 48%,江苏省是 55%。

据中国科学评价研究中心(RCCSE)、武汉大学中国教育质量评价中心(ECCEQ)和中国科教评价网联合发布的 2017 年本科院校科技创新竞争力排行榜显示,山东省进入 100 强的高校仅有 3 所,占全省高校数的 2%,进入 200

---

① 山东省人民政府办公厅关于推进新时代山东高等教育高质量发展的若干意见[EB/OL]. http://www.shandong.gov.cn/art/2019/4/25/art_2259_31520.html.
② 《关于加快推进省属地方本科高校省市共建的提案》的答复[EB/OL]. http://edu.shandong.gov.cn/art/2019/6/4/art_11998_8275362.html.

强的高校共有 10 所,占比 7%,与北京(20,22%;22,24.2%)、上海(8,11.9%;12,17.9%)、江苏(16,9.9%;23,14.2%)、浙江(5,4.8%;14,13.3%)相差甚远。从影响高校科技创新的要素看,山东省在研发投入、高层次人才数量、专利数量等方面与北京、江苏和浙江等省市差距较大。山东省高校创新水平整体不高,直接制约着山东省高校的社会服务能力与水平。如在技术转让收入方面,山东省高校 2012—2016 年连续五年未超过 1 亿元,明显低于江苏省、广东省、北京市、上海市等。

2. 与山东省的整体需求不相适应

整体而言,山东省地方高校的人才培养与经济社会发展需求不适应、科技创新能力与支撑经济社会转型升级需要不适应等问题比较突出。

统计显示,2015 年山东省国民生产总值为 63002.33 亿元,其中工业生产增加值为 25910.75 亿元,占山东省国民生产总值的 41.13%。山东省经济发展要实现新的突破,必须注重传统支柱产业新旧动能的接续转换和先进制造业、战略性新兴产业、现代服务业的发展,将新人才、新知识、新技术、新信息和新数据资源注入传统产业,实现产业的优化升级和经济转型发展。山东省在以上相关专业的人才培养能力不足。以与经济社会发展密切相关的工学为例,统计显示,在 GDP 排名前 10 的省份、直辖市的高校中,工学排名进入全国前 100 强的高校数量,山东省仅有 2 所,远远低于江苏省的 12 所。工学学科建设水平的滞后,严重制约着山东省高校对经济发展新旧动能转换的人才供给能力。

此外,通过对山东省 2018 年的 70 所地方本科院校的 3062 个专业的设置统计分析来看,设置最多的专业依次为英语、市场营销、环境设计、计算机科学与技术、视觉传达设计,开设这五个专业的高校均超过 40 所,占比接近 2/3,可以看出山东省地方高校本科专业设置还主要集中在传统专业(早期的热门专业),而与新产业、新技术等对接的新能源材料与器件、智能科学与技术等专业很少。

3. 办学经费不够充足

山东省地方普通高等学校办学经费主要来源于地方政府的拨款和学生缴费,比起其他发达省市高校的办学经费,山东省普通高校的办学经费确实显得不足。虽然省政府千方百计不断加大对高校的投入力度,但"僧多粥少""小马拉大车"的问题仍十分突出。

全国各省份高校得到财政资金支持力度有明显的差异,根据 2016 年的统计数据,最高的北京市高校事业费水平达到生均 55687 元,最低的四川为 12236 元,而山东则是 12892 元,远低于全国平均水平。高校事业费低于 13000 元的其他几个省份为四川、辽宁、湖南、安徽、河南,基本都是从小学、初中到高中、中等职业学校的投入全都大幅落后于全国平均水平。而只有山东省在小学、初中、高中和中等职业学校的事业费数据高于或基本持平全国平均水平,唯独普通高校生均投入只相当于全国平均水平的 2/3。

4. 地方高等教育发展区域失衡严重

从山东省高等教育整体布局看,高等教育资源呈现东中部强、西部弱的非均衡状态,高校多集中在青岛、济南和烟台等地市,分布在其他地市的主要是师范院校或由师专升格为学院的高校。截至 2019 年,山东共 146 所普通高校,其中鲁西地区五城市共有高校 17 所,鲁东地区五城市共有高校 55 所,鲁南地区三城市共有高校 9 所,鲁中地区四城市共有高校 65 所,见图 3-1。

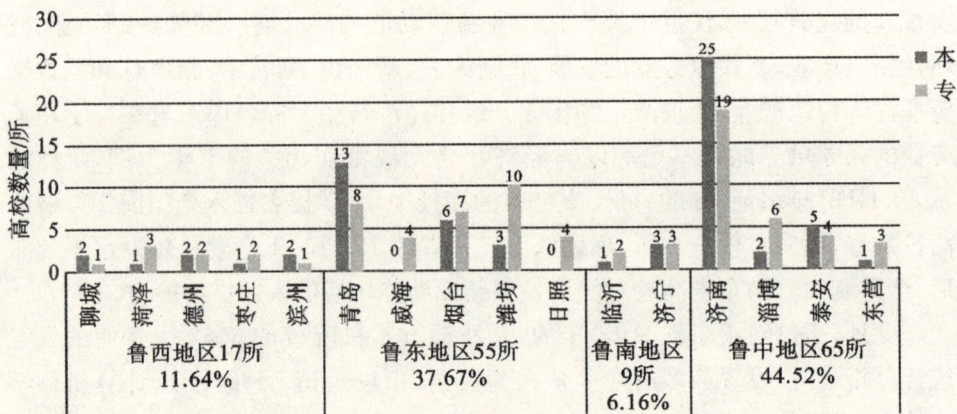

图 3-1　山东省 146 所普通高校分布情况

从人口分布与高等教育布局上看,2019 年全国平均每 52 万人口拥有一所普通高等学校,山东省则为平均 69 万人拥有一所高校。而鲁西五市人口共计 2842.9 万,占山东省人口总数的 28.4%,拥有 17 所高校,仅占山东省高校总数的 11.64%,平均 167.2 万人拥有一所高校。其中,菏泽平均 219.13 万人拥有一所高校、聊城平均 213.23 万人拥有一所高校、德州平均 145.25 万人拥有一所高校(图 3-2),其高校资源之匮乏可见一斑。

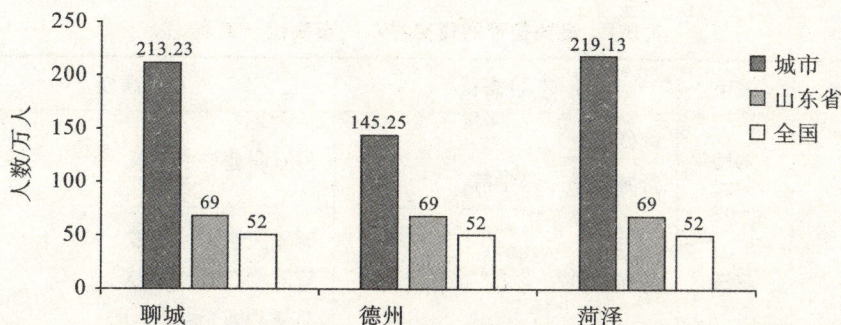

图 3-2　2017 年鲁西地区代表城市与山东省、全国平均人口拥有一所学校对比图

西部高校资源的匮乏带来区域人才资源的层次差别，以每 10 万人口在校大学生数来测算，全国每 10 万人口拥有在校大学生为 2642 人（其中东部地区平均达 3003 人、中部地区平均为 2580 人、西部地区平均为 2243 人），山东省每 10 万人口拥有在校大学生为 2519 人，而鲁西地区每 10 万人口拥有在校大学生仅为 960 人（图 3-3）。

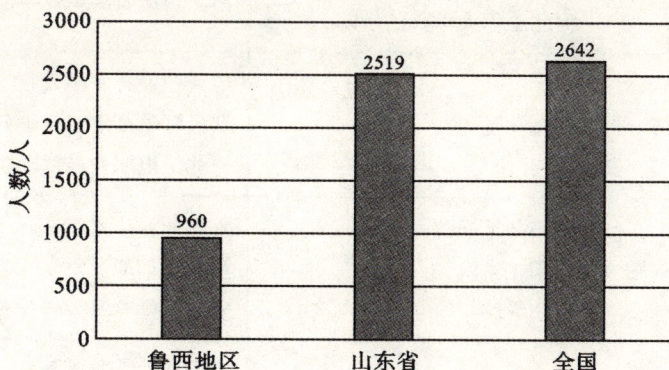

图 3-3　每 10 万人口拥有在校大学生对比图

目前，山东省拥有博士、硕士学位授予权的高校集中于鲁东、鲁中地区，整个鲁西地区具有硕士学位授予权的综合性大学只有聊城大学，在晋冀鲁豫四省交界处，方圆 7 万多平方千米、近 5000 万人口的广袤土地上，没有一所具有博士学位授予权的综合性大学，聊城大学是唯一具有硕士学位授予权的综合性大学，见表 3-1。这种不均衡的高等教育区域分布，既限制了山东省高等教育的整体发展，也限制了高等教育对经济社会发展贡献度的提升，在一定程度上加剧了区域经济社会发展的不平衡。

表 3-1　晋冀鲁豫四省交界八地市高校一览表

省份	城市	本科高校	专科高校
山东省	聊城	聊城大学 聊城大学东昌学院	聊城职业技术学院
	菏泽	菏泽学院	菏泽医学专科学校 菏泽家政职业学校 菏泽职业学院
山西省	长治	长治医学院 长治学院	长治职业技术学院 山西机电职业技术学院 潞安职业技术学院
	晋城	太原科技大学晋城校区	晋城职业技术学院
河北省	邯郸	河北工程大学 邯郸学院 河北工程大学科信学院	邯郸职业技术学院 河北司法警官职业学院
	邢台	邢台学院	邢台职业技术学院 邢台医学高等专科学院 河北机电职业技术学院
河南省	安阳	安阳师范学院 安阳工学院 安阳学院	安阳职业技术学院 河南护理职业学院 安阳幼师高等专科学校
	濮阳		濮阳职业技术学院 濮阳医学高等专科学校

　　从高等教育资源分配看,鲁西地区高校办学资源短缺。一是人才短缺。相比于鲁东、鲁中地区高校,鲁西地区高校在区位因素、教师发展机会、平台建设等方面处于相对劣势,高层次人才向鲁东、鲁中地区高校流动的趋势加剧,形成了人、财、物等发展要素循环式趋于中东部的虹吸效应①,鲁西地区高校面临引

---

① "虹吸效应"又称"虹吸现象",物理上原本是指由于液态分子间存在引力与位能差能,液体会由压力大的一边流向压力小的一边。此处指优质资源向优势明显的高校流动。

进人才难、留住人才难的"双难"境地。二是资金短缺。受地方经济社会发展水平不高、知名度相对较低、筹资观念较为落后、社会服务机制不健全等因素的影响,鲁西地区高校在诸如成果转化、社会捐资以及其他教育经费获取的能力方面,与中东部高校相比也存在着明显欠缺。三是鲁西地区高校政策支持不足。进入新时代,高等教育发展的主要矛盾是人民日益增长的对更加公平、更高质量、更富有特色的高等教育的需求与不平衡不充分的高等教育发展之间的矛盾,因此,山东省在推进新时代高等教育高质量发展中,应该着力解决高等教育发展不平衡不充分的问题,既要强调优势发展与特色发展,也要注重全面发展、均衡发展,更好地满足人民日益增长的高等教育需求。目前,山东省高等教育响应国家"双一流"建设要求,在扶优扶强方面做了卓有成效的探索,但是,在整体发展上还缺乏宏观考量,尤其在补短板、扶弱势方面缺乏强有力的政策支持和具体措施。广东省近期出台了"冲一流、补短板、强特色"提升计划,41所本科高校入围,《广东省高等学校设置"十三五"规划》中期调整工作函则明确提出"对于粤东西北地区的高校设置调整事项,同等条件下给予适当倾斜";国家《长江三角洲区域一体化发展规划纲要》中明确提出强化安徽省高等教育的"薄弱地带"建设,"鼓励沪苏浙一流大学、科研院所到安徽设立分支机构"。与之相比,山东省在促进高等教育协调发展方面的政策明显不足,高等教育呈现东西部差距越来越大的"马太效应"①,长此以往,会导致山东省高等教育发展不均衡进一步加剧,影响山东省高等教育整体的高质量发展。

(三)机会(opportunity)分析

1. 全社会对高等教育的重视日益凸显

我国已进入彰显知识经济的新时代。人才、知识、科技、教育等要素的整合,在经济社会发展中的重要性日益凸显。高校作为高端人才培养和科技创新的主阵地,已经成为经济社会发展的重要引擎。其中,地方高校在人才培养和社会服务中扮演着越来越重要的角色。在经济社会高速发展的今天,地方高校需进一步增强社会服务功能,更加深入地参与经济社会发展。

与此相适应,全社会对高等教育的需求和期待日益增强。根据恩格尔定

---

① "马太效应"是1968年由美国科学史研究者罗伯特·莫顿提出的,以概括一种社会心理现象,即任何个体、群体或地区,在某一个方面(如金钱、名誉、地位)获得成功和进步,就会产生一种积累优势,就会有更多的机会取得更大的成功和进步。此处指高等教育布局和政策供给不平衡等致使高校出现强者愈强、弱者愈弱的两极分化现象。

律,随着经济水平提高,国民家庭食品消费占家庭总支出的比例会越来越低,可用于教育支出的比例应当越来越高。其中,最为明显的是高等教育学费收入占GDP的比例。① 显然,在我国"望子成龙、望女成凤"的社会普遍愿景下,父母对子女成才的渴望越来越强烈。据调查统计,"为子女上大学做准备"的储蓄动机所占的比重明显高于为医疗和养老的储蓄动机。如今,社会和家庭对下一代的期望不仅仅是有大学上,而且希望子女能上好大学。因此,全社会已经形成对高质量高等教育的强烈关注和期待。

2. 山东省对高等教育大发展的期待日益迫切

当前,山东省高等教育已步入普及化阶段,与全省人民日益增长的对公平、优质高等教育的需求相比,高等教育发展不均衡不充分、优质资源短缺、优势特色不鲜明、结构不尽合理等成为制约高等教育发展的突出问题,为此,山东省委省政府都对加快推进山东省高等教育高质量发展提出了明确意见与要求。②

2019年,省政府办公厅印发的《关于推进新时代山东高等教育高质量发展的若干意见》强调要从两个层面调整优化高等教育结构。一是调整教育类型结构,做大做强研究生教育,稳步发展本科教育,大力发展高等职业教育;二是优化高校和学科专业布局,逐步建立与城市总体规划、产业结构布局相呼应的高等教育空间布局和学科专业体系。③ 这为山东省地方普通高等学校的发展提供了契机。

(四)威胁(threat)分析

1. 省际高等教育的竞争日趋激烈

以省级财政为主要收入来源的公办地方高校,其发展除与自身的发展积淀、区位因素等相关外,还与作为办学主体的省级政府密切相关。就综合财力而言,2019年山东省GDP总量位列全国第三位,人均GDP已经率先超过了1万美元,但与此同时,山东省对于地方高校的经费投入却在全国排倒数,据统计,至少有十年,山东普通高校生均公共财政预算教育事业费、生均公共财政预

---

① 孙红梅,赵明,师萍. 陕西普通高等学校SWOT分析及发展策略[J]. 西安邮电学院学报,2006(11):85.

② 直播:解读山东高等教育高质量发展意见发布会[EB/OL]. http://sd.iqilu.com/v5/live/pcQwfb/7330.html.

③ 直播:解读山东高等教育高质量发展意见发布会[EB/OL]. http://sd.iqilu.com/v5/live/pcQwfb/7330.html.

算公用经费,在全国位居倒数第 3～5 位。① 尽管近年来山东省不断加大对地方高校的投入,但仍没有彻底改观经费投入不足的局面。2018 年山东省高等教育生均教育事业费为 15210.02 元,远低于全国普通高等学校的 20973.62 元。近年来,广东、浙江等一些先进省份对地方高校的投入明显加大,其人才吸引力度也日益增强。以人才待遇为例,对于同一层次的人才,广东省提供的引进待遇通常是山东省的两倍。这对于山东省地方高校而言,如何应对省际的竞争,如何吸引人才、留住人才,都是面临的严峻挑战。

　　2. 高等教育新态势的冲击

　　在科技与社会快速发展的今天,知识更新速度加快。相应地,作为知识体系的学科也在不断拓展疆域,学科间的壁垒逐渐打破,融合、交叉学科不断增多,同时也产生了大量新兴、边缘学科,如医疗与大数据、互联网金融,从而也促进了新工科、新文科等以应对新科技革命和产业变革挑战的学科生成。这些都对山东省地方高校从办学定位到办学理念、从学科布局到专业建设、从人才培养模式到教学方法和内容等提出了全新的挑战。

第二节　山东省地方高校发展战略问题分析

　　本节将从发展观念和自身定位两个方面分析山东省地方高校发展的战略问题,从而促进高校发挥优势,补足短板,走出发展困境。

　　整体而言,多年来山东省地方高校有了长足发展。在办学层次上,很多地方高校提升了办学层次,如滨州师范专科学校、泰安师范专科学校等许多专科高校升格为本科,山东工商学院、临沂大学等一些本科学校获得了硕士学位授予权,山东理工大学、山东财经大学等高校也获得了博士学位授予权。在办学规模上,普通本专科和研究生招生规模持续扩大,专业数量也显著增加。在内涵建设上,地方高校逐渐从外沿扩张向内涵发展转变,学校办学条件、师资水平、科研水平和人才培养质量等都得到全面提升。在学校治理能力建设上,地方高校也不断强化对治理体系的改革,改进管理、评估、考核等手段方法,为高校培养适应全省经济社会建设的优秀人才提供了保障。

---

① 胡金焱. 高校是人才招引的重要阵地[N]. 大众日报,2018-08-08(07).

但是,我们也注意到,与中东部地区一些省份相比,山东省的高等教育发展并不突出,甚至还存在一些差距。作为人口数量居全国第二的人口大省,山东省全省人口数量已突破 1 亿,但相对而言还不是人力资源强省,其高校的数量和水平还不能满足人口规模的需求,而且还存在部分高校在发展模式和办学目标上趋同的现象,如一些地方高校片面地在规模上"求大",在学科设置上"求全",这在一定程度上促成了地方高校过度"同质化",影响了山东省高等教育的持续健康发展。

因此,针对山东省地方高校面临的发展问题,确立基于健康生态的分类发展战略是必然的选择。

一、观念引领:确立多样化、差异化发展的高等教育质量观

高等教育质量观是人们基于对于高等教育发展和运行特点的认识,在特定的价值立场的引导下对高等教育质量所做出的价值判断,高等教育质量观应该是基于理性思考后对高等教育发展状况做出的评价。[①] 质量与发展是高等教育办学者的内生需求,而有质量的发展才是高校的生存之道。

如前所述,山东省高等教育毛入学率已达到 51.35%,迈入高等教育普及化阶段。普及化是对大众化阶段的超越,普及化阶段的高等教育的一个显著特征是多元化,即学生生源多元化、教育结构多元化、办学标准多元化,这也是对高教需求多样化的回应。因此,传统趋同的高等教育质量观已经不适应当今社会的发展要求。面对现实中的困境和机遇,山东省地方高校应该立足自身特点,扬长避短,形成多样化、差异化的发展格局。

首先,要形成多样化的人才评价标准。要改变精英教育阶段以高深学问为人才评价唯一标准的状况,适应现阶段社会需求对高等教育的内涵和外延的拓展。相对于学术型人才,社会对优秀应用型、技能型人才的需求更大。通常,研究型大学以培养学术研究型人才为主;教学型大学则以应用型人才培养为主,以扎实的理论知识和实践能力武装学生;高等职业技术院校主要培养实用人才,包括培养一线管理、技术人员,服务于所在区域的社会发展。[②] 对于山东省地方高校而言,重点更应该是建立与需求相适应的多样化的人才评价标准,尤其是对于面向应用型、技能型人才培养的众多高校而言,要确保人才评价标准

① 臧苏渝. 大众化教育多样化质量观的重构[J]. 重庆工学院学报,2003(12):137.
② 石少婷. 山东高等学校分类研究[D]. 济南:山东师范大学硕士学位论文,2015.

与人才培养目标相适应。

其次,要确立差异化的人才培养目标。近年来,山东省推出了"黄蓝战略"和新旧动能转换工程,全省社会经济的发展对人才的需求出现多样化、差异化的特点。战略的实施与科技社会的发展,带来职业类型的不断变化和岗位种类的迅猛增多,因此,山东省地方高校要适应变化,对学科专业进行优化调整。因此,差异化人才培养目标成为山东省地方高校主动适应社会需求的必然选择。

显然,只有在观念上确立多样化发展的高等教育质量观,进而确立多样化的人才评价标准和差异化的人才培养目标,才能有效推进山东省地方高校走出发展困境,发挥个性特点,形成分类差异发展的良好生态。

二、找准位置:地方高校须准确合理定位

在健康的高等教育生态系统中,每所高校都应该在系统中找准位置,各得其所。如上所述,多样化、差异化发展的高等教育质量观的内在要求就是要分类发展,而分类发展的关键是引导高等学校进行准确定位,否则,分类就失去了现实意义。

地方高校合理定位须遵循一定的原则。按照教育内外部关系的规律,地方高校要处理好自身发展与政府及经济社会发展等因素的关系。

首先,要适应经济社会发展的需要。科技的迅猛发展、国家创新驱动战略的实施、全球化进程的推进对地方大学人才培养目标都提出了新的要求。目前,大学生就业形势整体比较严峻,但像人工智能技术人员、线上推广人员等新型人才却不能满足社会需要,这反映出高等教育人才培养的滞后性,也表明高等学校为适应经济社会发展需要明确办学定位的重要性。山东省地方高校应该主动出击,抓住省域发展的重大机遇,结合自身办学基础与全省经济社会发展愿景,做好预判和推演。

其次,整合并强化自身优势。一所高校显然不能创办所有学科,也很难在所有学科专业领域都处于领先水平,因此地方高校应在知己知彼的前提下,深入挖掘自身办学优势,有所为,有所不为。地方高校在经费、师资、学科建设等方面与双一流重点院校相比处于劣势,但地方高校在区域和行业联系等方面通常会有各自的优势。因此,山东省地方高校在定位时要将区域经济建设、产业结构及地域文化资源等与自身发展战略结合起来,发挥自身独特优势,从而走上特色发展之路。

当然,一所高校传统的定位、累积的优势也需要不断突破,否则,就会形成路径依赖。以学科评估和排名为例,通过对山东省确立的一流学科与教育部全国第四轮学科评估、上海软科 2018 年"中国最好学科排名"进行比较分析,发现山东省一流学科总体表现良好,但也有部分学科未进入全国第四轮学科评估的前 70%或上海软科 2018 年"中国最好学科排名"的前 50%。以教育部全国第四轮学科评估结果为考察对象,发现山东省地方高校评估结果在 B 级及以上的学科共有 57 个,其中,山东师范大学、山东科技大学、山东农业大学、曲阜师范大学四所传统地方名校的学科占比近 2/3,青岛大学等后起地方名校的学科并没有入围。从学科分布来看,学科的学校类型属性明显,传统学科优势突出,新的学科普遍未形成气候。由此可以看出,在重点学科领域,山东省地方高校具有较明显的学科发展路径依赖。这需要高校在发展定位上进行长远规划,面对山东省新旧动能转换等重大战略,不断调整自身的办学定位。

第四章

山东省地方高校发展战略要素分析

发展战略是一个组织解决全局性、长远性、战略性重大问题的规划,是一种科学构建的积极的向前的全局性的蓝图。一个成功的发展战略可以使组织沿着正确的方向前进,提高适应环境的能力和竞争力,取得良好的发展成果。本章主要联系山东省政治、经济、文化发展的状况与趋势,对山东省地方高校发展战略要素进行分析。

第一节 高校发展战略要素的界定

高校发展战略有广义与狭义之分。广义的高校发展战略是指一个国家或地区在某个历史时期内对高校整体发展及其布局的谋划与部署,属于国家或地区宏观层面的高校发展战略;狭义的高校发展战略,就是关于一所高校在某个历史时期或阶段内的发展理念、发展目标、发展重点、发展路径、发展条件、发展保障等方面的谋划与布局。[①] 本书中的高校发展战略既包括站在山东省层面的广义内涵,也包含具体高校层面的狭义内涵。

高校发展战略包含多个要素,从结构层面,有研究将高校发展战略要素大致概括为战略指导思想、战略目标、战略重点、战略步骤、战略措施五大要素[②];从内容层面,有研究将高校发展战略要素概括为办学理念、目标定位、学校特色、大学精神四个要素;一项对北京师范大学、华东师范大学、华中师范大学、东北师范大学、陕西师范大学、西南大学发展战略规划文本的比较研究中指出,高校发展战略包含发展基础、发展形势、发展目标、主要任务和举措、实施保障五

---

① 杨兴林. 高校发展战略研究若干重要问题的思考[J]. 现代教育管理,2013(1):37.
② 樊继轩. 大学内涵式发展战略的结构要素探讨[J]. 黄河科技大学学报,2013(1):1-3.

888

个要素①。

以上对高校发展战略要素的概括大都是基于高校发展战略的狭义内涵,扩展到广义内涵,还应该加入区域社会环境。基于此,本书将高校发展战略要素概括为高校所处的内外部环境、高校的理念与定位、高校的发展途径和行动策略。

第二节　山东省地方高校发展的内外部环境

地方高校的发展离不开区域社会环境,地方高校的发展战略只有建立在良好的环境分析与适用基础上,才能具有强大的生命力。区域社会环境包括区域社会的政治、经济、社会、技术构成的外部环境和区域社会高等教育发展状况构成的内部环境。

一、山东省地方高校发展的外部环境分析

(一)政治环境

1998 年颁布、2015 年修正的《中华人民共和国高等教育法》(简称《高等教育法》)第三条规定,"国家坚持以马克思列宁主义、毛泽东思想、邓小平理论为指导,遵循宪法确定的基本原则,发展社会主义的高等教育事业"。第四条规定,"高等教育必须贯彻国家的教育方针,为社会主义现代化建设服务、为人民服务,与生产劳动和社会实践相结合,使受教育者成为德、智、体、美等方面全面发展的社会主义建设者和接班人"。第三十九条规定,"国家举办的高等学校实行中国共产党高等学校基层委员会领导下的校长负责制。中国共产党高等学校基层委员会按照中国共产党章程和有关规定,统一领导学校工作,支持校长独立负责地行使职权,其领导职责主要是:执行中国共产党的路线、方针、政策,坚持社会主义办学方向,领导学校的思想政治工作和德育工作,讨论决定学校内部组织机构的设置和内部组织机构负责人的人选,讨论决定学校的改革、发展和基本管理制度等重大事项,保证以培养人才为中心的各项任务的完成"。

---

① 郭瀛霞. 教育部直属师范院校发展战略规划比较研究[J]. 当代教育科学,2018(1):64-67.

我国以法律的形式规定了高校的指导思想、办学性质、办学方向、办学目的和管理体制，各地方高校作为我国高校行列中的数量主体，必须在《高等教育法》规定的范畴内规划建设方向。我国高校坚持社会主义办学方向，实行党委领导下的校长负责制，以培养中国特色社会主义合格建设者和接班人为目标，这是我国各类高校发展所处的政治环境，也是山东省地方高校发展所处的政治环境。

(二)经济环境

1. 山东省经济总体情况

地方高校的发展以地方经济实力为基础，地域经济的水平直接决定着地方高校发展的水平。

山东是经济大省，是我国经济最发达的省份之一，是经济实力最强的省份之一，也是发展较快的省份之一。山东省统计局和国家统计局山东调查总队2019年2月27日发布的数据显示，"2018年全省生产总值（GDP）76469.7亿元，位居全国第三。按可比价格计算，比上年增长6.4%。其中，第一产业增加值4950.5亿元，增长2.6%；第二产业增加值33641.7亿元，增长5.1%；第三产业增加值37877.4亿元，增长8.3%。三次产业结构为6.5∶44.0∶49.5。产业结构进一步优化。人均生产总值76267元，增长5.9%，按年均汇率折算为11525美元。城镇居民人均可支配收入39549元，比上年增长7.5%；人均消费支出24798元，增长7.5%。农村居民人均可支配收入16297元，增长7.8%；人均消费支出11270元，增长9.0%"[①]。

2. 山东省对高校的教育投入

政府财政投入一直是地方高校办学经费的主要来源。生均教育事业经费是衡量政府对学校经费投入的主要指标。山东作为经济大省，尽管其高等学校生均教育事业经费投入每年都在增长，但仍然远远落后于其他经济大省、强省，2007—2016年十年间高校生均教育事业经费数据显示（见第三章），山东高校生均经费仅仅相当于全国平均水平的2/3，位于全国倒数行列。

数据显示，2017年全国普通高校生均教育事业经费同比增长8.27%，达到

---

① 2018年山东省国民经济和社会发展统计公报[EB/OL]. http://www.stats-sd.gov.cn/art/2019/3/1/art_6109_4699319.html.

20298 元①；2018 年全国普通高校生均教育事业经费同比增长 3.33%，达到 20974 元②；2019 年全国普通高校生均教育事业经费比上年增长 6.60%，达到 38681 元③。2017 年山东省普通高校生均教育事业经费同比增长 6.81%，为 13770 元④；2018 年山东省普通高校生均教育事业经费同比增长 5.51%，为 14528 元⑤。可以看出，山东省普通高校的生均教育事业经费与全国平均水平相比，差距逐年拉大。2019 年山东省普通高校生均教育事业经费情况尚未公布，不过可以预见，这种差距短时间内难以赶上。

尽管高校的发展与区域高等教育的水平不能单靠财政投入推动和提高，但是财政投入对高校发展的基础性、关键性作用毋庸置疑。山东省对高等教育的投入与山东经济大省的身份并不相符，导致山东省高等教育整体发展水平与经济发展水平不相称，山东省地方高校的发展受到制约。着力加大高等教育经费投入，加快建设高水平地方高校，已经刻不容缓。

3. 山东省经济发展重点战略

当前，山东省主要的经济发展战略就是推动落实新旧动能转换工程。《山东新旧动能转换综合试验区建设总体方案》提出我国第一个以新旧动能转换为主题的区域发展战略——设立山东新旧动能转换综合试验区，该试验区是党的十九大后经国务院批准的首个区域性国家发展战略。

《山东省人民政府关于印发山东省新旧动能转换重大工程实施规划的通知》（简称《通知》）指出，"山东新旧动能转换综合试验区的总体要求为：坚持新发展理念，坚持质量第一、效益优先，以供给侧结构性改革为主线，以新技术、新产业、新业态、新模式为核心，以知识、技术、信息、数据等新生产要素为支撑，促

① 2017 年全国教育经费执行情况统计公告[EB/OL]. http://www.moe.gov.cn/srcsite/A05/s3040/201810/t20181012_351301.html.
② 2018 年全国教育经费执行情况统计公告[EB/OL]. http://www.moe.gov.cn/srcsite/A05/s3040/201910/t20191016_403859.html.
③ 2019 年全国教育经费执行情况统计公告[EB/OL]. http://www.moe.gov.cn/jyb_xwfb/gzdt_gzdt/s5987/202006/t20200612_465295.html.
④ 2017 年全省教育经费执行情况统计公告[EB/OL]. http://edu.shandong.gov.cn/art/2018/11/20/art_107114_7733090.html.
⑤ 2018 年全省教育经费执行情况统计公告[EB/OL]. http://edu.shandong.gov.cn/art/2019/11/19/art_107114_7733091.html.

进产业智慧化、智慧产业化、跨界融合化、品牌高端化"①。《通知》规定山东新旧动能转换综合试验区"要建设成践行新发展理念的高地，推进供给侧结构性改革的高地，对接国家发展战略的高地，承接南北转型发展的高地……要形成'三核引领、多点突破、融合互动'的新旧动能转换总体布局，即形成济南、青岛、烟台三大核心城市，十三个设区市的国家和省级经济技术开发区、高新技术产业开发区以及海关特殊监管区域"②。（表4-1、表4-2）

表 4-1　"三核引领"具体发展战略

地区	目标任务
济南	以新旧动能转换先行区为引领，以东部高端产业集聚区、省级开发区转换提升区、泉城优化升级区为支撑，以济南中央商务区、济南国际医学科学中心为重点，构建"一先三区两高地"的核心布局。重点发展大数据与新一代信息技术、智能制造与高端装备、量子科技、生物医药、先进材料、产业金融、现代物流、医养健康、文化旅游、科技服务等产业，构建京沪之间创新创业新高地和总部经济新高地，打造全国重要的区域性经济中心、金融中心、物流中心和科技创新中心
青岛	以青岛西海岸新区、蓝谷核心区、高新区、胶东临空经济示范区为引领，以胶州湾青岛老城区有机更新示范带和胶州、平度、莱西等县域经济转型升级示范园区为支撑，构筑"四区一带多园"的核心布局。重点打造新一代信息技术、轨道交通、智能家电、海洋经济、高端软件、生物医药、航空航天、航运物流、财富金融、影视文化、时尚消费等国内外领先的产业集群，积极创造条件探索建设自由贸易港，打造国际先进的海洋发展中心、国家东部沿海重要的创新中心、国家重要的区域服务中心和具有国际竞争力的先进制造业基地
烟台	以烟台经济技术开发区、烟台高新技术产业开发区、蓬长协作联动发展区为重点，以烟台东部产城融合发展示范区、招远经济技术开发区、中心城区功能与产业更新带、国家现代农业产业园为支撑，形成"五区一带一园"的核心布局。重点发展海洋经济、高端装备、信息技术、生物医药、高端石化、先进材料、航空航天、金融商务、医养健康、文化旅游、高效农业等产业，打造先进制造业名城、国家海洋经济发展示范区、国家科技创新及成果转化示范区

① 山东省人民政府关于印发山东省新旧动能转换重大工程实施规划的通知［EB/OL］. http://www.shandong.gov.cn/art/2018/2/22/art_2259_27392.html.
② 山东省人民政府关于印发山东省新旧动能转换重大工程实施规划的通知［EB/OL］. http://www.shandong.gov.cn/art/2018/2/22/art_2259_27392.html.

表 4-2 "多点突破"具体发展战略

地区	目标任务
淄博	布局新能源电池、新能源汽车、智能卡及微机电等未来产业,壮大新材料、生物医药、信息技术、文化旅游、现代金融等新兴产业,改造化工、陶瓷、纺织等传统产业,淘汰建材、钢铁等行业落后产能,打造全国老工业城市和资源型城市产业转型升级示范区、新型工业化强市、齐文化传承创新示范区
枣庄	布局人工智能等未来产业,壮大信息技术、新能源、新材料、医养健康等新兴产业,改造化工、机械机床、煤电、建材等传统产业,淘汰平板玻璃、水泥等行业落后产能,打造智慧枣庄和资源型城市创新转型持续发展示范区、国家可持续发展议程创新示范区
东营	布局航空航天服务等未来产业,壮大石化装备、新能源、文化旅游等新兴产业,改造化工、冶金、造纸、纺织等传统产业,淘汰炼油、轮胎等行业落后产能,打造绿色循环高端石化产业示范基地和石油资源型城市转型发展试验区
潍坊	布局虚拟现实、人工智能、新能源电池等未来产业,壮大高端装备制造、生物基材料、信息技术、现代种业等新兴产业,改造装备制造、汽车、化工等传统产业,淘汰钢铁、造纸等行业落后产能,打造国家农业开放发展综合试验区、虚拟现实产业基地和国际动力城
济宁	布局第三代半导体、生命健康等未来产业,壮大信息技术、文化旅游、生物医药等新兴产业,改造工程机械、能源、纺织服装等传统产业,打造优秀传统文化传承发展示范区和资源型城市新旧动能转换示范区
泰安	布局人工智能、生命健康、信息技术等未来产业,壮大高端装备制造、文化旅游体育、新能源等新兴产业,改造建材、化工、纺织等传统产业,打造彰显泰山魅力的国际著名旅游目的地城市和智能绿色低碳发展示范区
威海	布局生命健康、前沿新材料等未来产业,壮大医疗器械、海洋生物、时尚创意等新兴产业,改造机械装备、纺织、海洋食品等传统产业,打造国家区域创新中心、医疗健康产业示范城市和中韩地方经济合作示范区
日照	布局生命健康、通用航空等未来产业,壮大文化旅游、海洋生物医药、现代物流、高端装备制造等新兴产业,改造钢铁、汽车零部件等传统产业,打造全国一流精品钢铁制造基地、临港涉海产业转型升级示范区

（续表）

地区	目标任务
临沂	布局生命健康、航空航天、机器人等未来产业,壮大信息技术、磁性材料、文化旅游、新能源、生物医药、节能环保等新兴产业,改造商贸物流、工程机械、木业、化工等传统产业,淘汰钢铁、陶瓷等行业落后产能,打造国家内外贸融合发展示范区、人才管理改革试验区
德州	布局生命健康、航空航天材料等未来产业,壮大新能源、生物医药、体育、高端装备制造等新兴产业,改造化工、纺织等传统产业,打造全国重要的新能源产业基地、京津冀鲁科技成果转化基地,建设京津冀协同发展示范区
聊城	布局医养健康、新能源汽车等未来产业,壮大新材料、生物医药等新兴产业,改造纺织、造纸等传统产业,淘汰冶金等行业落后产能,打造全国领先的铜铝精深加工产业基地、新能源汽车产业基地,建设京津冀协同发展试验区
滨州	布局航空航天材料、新能源电池等未来产业,壮大高端装备制造、高端化工、新能源等新兴产业,改造有色金属、纺织等传统产业,淘汰火电、电解铝等行业落后产能,打造国家级轻质高强合金新材料产业基地和粮食产业融合循环经济示范基地
菏泽	布局生命健康、高端装备、前沿新材料等未来产业,壮大高端化工、生物医药、信息技术、节能环保等新兴产业,改造机电设备、农副产品加工和商贸物流等传统产业,淘汰水泥、纺织、印染等行业落后产能,打造医养健康示范基地、现代农业发展综合试验区

　　山东新旧动能转换重大工程和综合试验区建设为山东省地方高校发展提供了前所未有的机遇,也提出了空前的挑战。截至 2019 年,山东省 146 所普通高校中,除了山东大学、中国海洋大学、中国石油大学之外的 143 所高校都是地方高校,分布于山东 16 个地市。这 16 个地市在山东新旧动能转换综合试验区的建设中扮演不同的角色,发挥不同的功能,各具特色,各有重任。每所地方高校理应立足于所在地市的新旧动能转换任务,担负起这场战略攻坚中的人才供给和智力支持的重担。

（三）社会环境

　　区域社会的文化传统、价值观念、人口状况等也是地方高校制定发展战略需要考虑的要素。

　　山东省人文底蕴深厚。在中华民族漫长的历史演进过程中,素有"齐鲁之邦""孔孟之乡"之称的山东是黄河文明、中华文化的重要发祥地之一。数千年来,齐鲁儿女辛勤劳作,勇于创造,传承孔孟之道,孕育了始祖文化、儒文化、齐文化、军事文化、汉像石文化、泰山文化、水浒文化、梁祝文化等。孔孟之道深深扎根于齐鲁儿女的心灵深处,底蕴深厚的齐鲁文化孕育了山东人尚礼仪、守孝道、多义举、重教育、性豪放的价值取向。[①] 崇教尚学的儒家思想为山东省地方高校的发展营造了良好的文化软环境。

(四)技术环境

近几年,山东省的科学技术综合能力呈不断增长趋势,特别是实施新旧动能转换重大工程以来,社会发展对科学技术的要求和依赖度越来越高,科学技术综合能力有了明显提高。

2019 年山东"四新"(新技术、新产业、新业态、新模式)经济增势强劲,实现增加值占地区生产总值的 28%,投资占比达到 44.8%。新登记"四新"经济企业增长 37.3%。新增高新技术企业 2562 家,增长 28.8%;高新技术产业产值占规模以上工业的比重为 40.1%,比上年提高 3.2 个百分点。十强产业中,新一代信息技术制造业、新能源新材料、高端装备等产业增加值分别为 5.5%、5.7% 和 9.3%,依次高于规模以上工业 4.3、4.5 和 8.1 个百分点。光伏电池、智能电视、服务器和光电子器件等新兴工业产品产量分别增长 32.3%、25.5%、16.6% 和 13.4%。[②] 同时,创新创业活力不断释放。发明专利申请量 7.0 万件,发明专利授权量 2.1 万件。PCT 国际专利申请量 2329 件,比上年增长 32.8%。累计有效发明专利拥有量 10.1 万件,增长 15.5%;每万人有效发明专利拥有量达到 10.08 件,比上年增加 1.30 件。全年登记技术合同 35505 项,合同成交额 1152.2 亿元,增长 34.5%。平台建设提质增速,国际首个超算科技园开园启用,首批四家山东省实验室启动,建成省级"政产学研金服用"创新创业共同体 22 家、国家创新型产业集群试点 11 个。院士工作站 690 家,新增 246 家。创新创业活力迸发,获国家科技奖 32 项。国家企业技术中心 189 家,新增 8 家。国家科技型中小企业库企业 9521 家,增长 41.6%。科技企业孵化器 284 家,其中国家级 98 家,省级 186 家。众创空间 537 家,其中国家级 192 家,省级 345 家。服务初创

---

① 宋承祥,等. 高等教育内涵发展分析与研究——山东高等教育中长期发展战略研究报告[M]. 北京:教育科学出版社,2009:8.

② 2019 年山东省国民经济和社会发展统计公报[EB/OL]. http://tjj.shandong.gov.cn/art/2020/2/29/art_6196_8865096.html.

企业和创业团队 3.2 万个。省级创业孵化示范基地和创业示范园区 162 家,省级示范创业大学 10 家。[①]

产业的发展主要依靠科学技术的革新是现代技术产业的主要标志,高校是产出技术创新成果的重要阵地,社会对技术的源源不断的追求为地方高校的快速发展提供了旺盛的市场需求和广阔的发展舞台。

二、山东省地方高校发展的内部环境分析

山东省地方高校发展的内部环境分析主要围绕山东省高等教育自身和高校系统内部发展的现状、短板以及展望展开。

(一)山东省高等教育发展现状

1. 规模和结构

截至 2019 年,山东省共有普通高等学校 146 所,其中本科院校 70 所(含 10 所独立学院),高职(专科)院校 76 所;独立设置成人高等学校 11 所。全省高等教育在校生(包括研究生、普通本专科和成人本专科)总规模为 285.46 万人。在校研究生为 11.46 万人(其中,博士生 1.19 万人),在职人员攻读硕士学位人数为 1.40 万人。在校生为 218.39 万人,本科生、专科生分别为 110.18 万人和 108.21 万人,本专科之比为 50.45∶49.55。全省普通高校的普通本专科在校生校均规模为 14958 人,其中本科院校为 19646 人,高职(专科)院校为 10641 人。[②]

山东省高校数量位居全国第三,在校生规模位居全国第一,在校生校均规模高于全国平均水平。

2. 师资队伍情况

山东省高校的师生比、专任教师中具有高级专业技术职务的人数比以及教师队伍学历学位层次构成都低于全国平均水平。数据显示,2019 年山东省普通高等学校共有教职工 16.49 万人,其中专任教师 11.76 万人(生师比大约为 19∶1,全国为 17.5∶1)。全省研究生培养单位共有研究生导师 2.37 万人。全省普通高等学校专任教师中具有高级专业技术职务的人数为 4.80 万人(其中正高级

---

① 2018 年山东省国民经济和社会发展统计公报[EB/OL]. http://tjj.shandong.gov.cn/art/2020/2/29/art_6196_8865096.html.

② 2019 年山东省教育事业发展统计公报[EB/OL]. http://edu.shandong.gov.cn/art/2020/4/3/art_11994_8988309.html.

1.29万人），占总数的40.83%（全国普通高等学校专任教师中具有高级专业技术职务的人数占总数的42.8%），本科院校和高职（专科）院校专任教师中具有高级专业技术职务的比例分别为45.80%和30.12%。全省普通高校专任教师中硕士研究生及以上学历的人数为7.23万人（其中博士研究生学历2.97万人），占总数的61.51%（全国普通高校研究生学历教师比例为72.0%）。本科院校和高职（专科）院校专任教师中硕士研究生及以上学历人数所占比例分别为73.02%和36.69%。①

3. 办学条件

2019年，山东省普通高等学校占地面积20.61万亩，校均1412亩，生均62.92平方米；校舍建筑面积5942.48万平方米（其中教学科研及辅助用房面积2717.35万平方米），校均40.70万平方米，生均27.21平方米；图书藏量1.89亿册，校均图书129.44万册，生均87册；教学科研仪器设备资产总值308.17亿元，比上年增加35.56亿元，校均2.11亿元，生均14111元；计算机75.99万台，校均5205台，每百名学生拥有34.8台。② 可以看出，山东高校的生均教学科研仪器设备值低于全国平均水平。

（二）山东省地方高校发展短板

山东省高校数量多、在校生规模大，高等教育毛入学率跻身高等教育普及化第一阵营。但是，山东省高等教育发展现状最大的短板就是"大而不强"，高校综合实力和学科竞争力处于国内中游甚至下游水平。简而言之，目前山东省地方高校面临"数量多、质量弱"的局面。无论是科研和服务社会，还是学科建设和人才培养，山东省地方高校都处于亟待提高的境地。下面仅从人才培养层次和学科专业建设两个方面简要分析。

从人才培养层次看，在山东省高等教育大众化进程中，地方高校起到了主力军作用，但研究生教育发展却远远滞后于本科生教育和高职高专科教育，在研究生教育特别是博士研究生教育布局上，地方高校所占比例极低，2017年山东省高校的10060名在学博士生中，地方高校仅占2707人，其中在学学术博士生为2622人，专业博士生仅85人。

① 2019年山东省教育事业发展统计公报［EB/OL］. http://edu.shandong.gov.cn/art/2020/4/3/art_11994_8988309.html.
② 2019年山东省教育事业发展统计公报［EB/OL］. http://edu.shandong.gov.cn/art/2020/4/3/art_11994_8988309.html.

从学科专业建设方面看,未有一所山东省地方高校进入国家"双一流"建设名单。全国第四轮学科评估中,"山东在 31 个参评省份中排名第 6,获得 A(包括 A+、A、A-)等级的学科数量为 13 个,占 A 等级学科数量的 5.2%;获得 B(包括 B+、B、B-)等级的数量是 112 个,占总入榜学科数量的 44.8%;获得 C(包括 C+、C、C-)等级的数量是 125,占总学科数量的 50%……从上榜高校的学科等级分布情况来看,A+等级学科只有 5 个,集中在山东大学、中国海洋大学、中国石油大学三所部属大学,进入分档排名行列的 257 个学科大多集中于 B 等级和 C 等级"[①]。

(三)山东省地方高校发展展望

提高山东省地方高校发展水平,增强山东省高等教育竞争力,改变山东省高等教育"大而不强"的现状,需要从以下五个方面入手。

1. 加大经费投入

山东省对高等教育的投入不足,生均教育经费长期落后于全国平均水平。高校的发展处处需要资金的支持,特别是地方高校,其发展经费主要依靠财政拨款。高校的竞争归根结底是人才的竞争,当前人才争夺愈演愈烈,地方高校从学校层次、影响声誉、所处地域等方面相比部属高校处于劣势,尤其人才紧缺是制约地方高校发展的最大瓶颈,必须加大投入,以期有所改观。

2. 加强科学管理

地方高校主管部门应做好顶层设计,从宏观上把方向、提要求、定调子,给予地方高校充分的自主权,激发学校内部的发展活力。地方高校内部要按照科学定位、优化结构、强化内涵、突出特色的原则,深化改革,全面提升科学发展的能力。

3. 实行分类发展

山东省地方高校数量多,发展状况不一致,只有实行分类发展才能避免过度同质化,形成各具姿态、百舸争流的高校发展繁荣景象。要引导和支持一批具备一定实力的地方高校聚力学科发展、聚焦科学研究,向高水平大学迈进;推动一批地方高校积极融入区域经济社会发展,聚焦服务新产业、新业态发展,向应用型转变,深化校企、校地合作,以社会需求为导向调整专业体系,构建产教

① 宋旭红,等. 高等教育分类管理的实践基础与路径设计——以山东为个案[J]. 当代教育科学,2018 (11):70-71.

融合、协同育人模式,强力支撑山东省经济社会发展和产业转型升级。

4. 不断优化结构

进一步统筹地方高校设置,不断优化高等教育资源配置,实现高等教育与经济社会协调并适度超前发展。一是优化学科专业结构,适应新旧动能转换需求,推进高校构建基础学科、应用学科、交叉学科、新兴学科之间相互促进、协调发展的学科体系;二是优化培养层次结构,适应发展形势,增加专业硕士学位、专业博士学位培养单位数量;三是优化地方高校的区域布局结构,适度改变目前济南、青岛的高水平地方高校数量多,其他地市的地方高校数量、质量双低的局面。

5. 提高培养质量

山东省的绝大多数地方高校是教学型高校,必须突出人才培养的核心地位,努力提高人才培养质量,巩固教学工作的中心地位,校内资源配置要向教学工作倾斜,对接社会行业需求、职业标准和学科发展前沿,推进课程体系改革,邀请行业人士参与人才培养方案的修订,提高人才培养与社会需求的适配度,建好教学实践基地,强化学生科学思维和实践能力的训练,鼓励学生在课堂学习之外经常开展自主性碎片化学习和个性化深度学习。做实创新创业教育,在专业教育中融入创新创业教育,使创新创业教育贯穿人才培养全过程。

第三节　山东省地方高校办学理念与定位

高校的办学理念与定位在高校发展战略众要素中处于核心地位。山东省地方高校的发展战略必须立足自身实际,以办学理念为指引,以发展定位为准绳。

一、地方高校办学理念与定位的重要作用

(一)确定办学理念是地方高校科学发展战略决策的灵魂

办学理念犹如高校的大脑,指导着高校的发展,高校的改革发展、目标确定、办学定位等都是办学理念的具体实践。"大学把人们集合起来,投身于学术和科学的学习,投身于精神生活"[1],高校的办学理念是办学主体、全校师生对高

---

[1] 〔德〕雅斯贝尔斯. 大学之理念[M]. 邱立波,译. 上海:上海人民出版社,2007:97.

校的共同认识和理想追求,是对高校是什么、为什么、怎么做的教育观念或哲学观念,是高校的灵魂与精神,是高校的教育哲学。

"在高等教育大众化的背景下,地方高校要想寻求属于自己的前进方向,避免沦为其他附属机构或'职业技能培训所',就必须构建以崇尚科学、追求真理的大学精神为本体价值的特色办学理念。"①地方高校所处的地域虽然不同,但有着相同的价值取向和理想追求。地方高校准确定位、办出特色的关键在于独具特色的办学理念,其办学理念要坚持服务地方与坚守大学精神相统一,要以对高等教育理论指导下本校长期积累的办学实践经验的总结、感悟与升华为基础。

(二)科学合理定位是地方高校科学发展战略决策的基础

只有定位科学合理了,高校才能在正确的道路上发力奋进;如果定位不准甚至偏差过大,那么无异于南辕北辙。一直以来,我国高校特别是地方高校难以准确定位,其内在原因是一部分高校不能安于本位,主要表现:一是个别地方政府对地方高校干预过多,使地方高校在地方政府的指挥棒下发展,难以安于本位办出地方特色。二是地方高校对自身认识不准确,盲目求高求大求全,力求发展成为更高层次的综合性高校。三是由于"办学经费都倾向于流向学术水平卓越的大学,导致大学战略管理中,为争取更多的社会资源,更为重视外部机遇,地方高校运行机制不是建立在节约成本的基础上,而是以追求卓越与提升声誉为目标,形成办学成本最大化的倾向,成为发展目标无限和成本最大化的机构"②。针对此种情况,相继出现了关于高校办学定位的研究。有的学者认为,高校办学定位需要从"培养人才的层次类型和服务面向、经济和社会发展需要、自身条件"③三个方面来考虑。山东省地方高校的办学定位是服务于山东新旧动能转换,要在办学指导思想上突出为区域或行业发展服务,眼光向下,脚踏实地,把科学研究、人才培养聚焦到服务社会上,适应和满足地方经济发展和市场需求。

地方高校办学定位的指导思想确定后,需要系统定位科学发展的具体方面。潘懋元先生认为,"地方高校科学合理的定位应从以下几个方面进行考虑:目标定位、服务面向定位、学科专业定位、人才培养定位、教学定位、科学研究定位"④。

① 李友文. 地方高校科学发展战略决策的要素构成与优化[J]. 战略决策研究,2010(5):54.
② 刘根东,郭必裕. 高校战略管理的基本特征及实施策略[J]. 中国高教研究,2009(5):16.
③ 李友文. 地方高校科学发展战略决策的要素构成与优化[J]. 战略决策研究,2010(5):52.
④ 潘懋元,车如山. 做强地方本科院校—地方本科院校的定位与特征研究[J]. 中国高教研究,2009(12):15-17.

"从大学职能的角度看,就是要统筹协调好人才培养、科学研究、社会服务、文化传承之间的关系;从管理体制的角度看,就是要统筹协调好规模、质量、结构、效益之间的关系;从学科体系的角度看,就是要处理好学科建设、专业建设、课程建设之间的关系,处理好优势学科、特色学科、一般学科之间的关系,处理好优势专业、特色专业、一般专业之间的关系。"[1]另外,由于经济社会的状况是发展变化的,所以高校办学定位不是一成不变的,需要根据经济社会的发展而进行动态调整,办学定位是个持续的过程,在不同的时期要确立不同的标杆[2]。

二、地方高校办学理念与定位的确定方法

除了本书第三章介绍的 SWOT 分析法之外,理性决策模型和渐进决策模式也可以用来分析与确定战略定位。

(一)理性决策模型

理性决策模型简称"理性模型",其以"经济人"的假设为前提,舍弃了一些次要变量,按照理性的原则和方法使问题的分析得以简化,以形成有效的分析框架。理性决策者面临既定的问题时,能够根据价值、目标对问题的重要性进行排序,当理性决策者面对两个或两个以上的问题或者方案时,会逐一进行选择,这种选择不以人们的意志为转移,需要将不同状态下的收益值(程度)或损失值(程度)计(估)算出来,经过比较后,按照价值取向,选出其中最佳者。运用理性决策需要具备的条件是:理性决策者必须获得全部有效的信息,具有一定的价值偏向,能够在多种方案中按照自己的价值选出其中一种,需要具备预测不同的选择在不同的客观条件下所能产生结果的能力。理性决策分析方法为:建立一套完整的操作目标并赋予权重,准备一套完整的被选方案,建立一套其他价值与资源的完整清单并赋予权重,对每一套方案的成本/效益进行完整预测和净期望值计算,比较各净期望值,选取期望值最高的方案。[3]

(二)渐进决策模式

渐进决策模式是主张决策者采用渐进方式对现行政策加以修改,逐渐实现决策目标的理论。它自产生之初就饱受批评与非议,但就当下中国的管理实践而言,该理论仍具有一定的现实意义。首先,中国的公共政策在实践中运用的

① 李友文. 地方高校科学发展战略决策的要素构成与优化[J]. 战略决策研究,2010(5):53.

② 朱桂兰. 标杆管理:重新诠释大学办学定位[J]. 清华大学教育研究,2006(3):113.

③ MBA 智库百科. 理性决策模型[DB/OL]. https://wiki.mbalib.com/wiki/理性决策模型.

便是渐进决策模式。其次，作为一种产生于西方的决策模式，渐进决策模式所提倡的多元决策模式理论及实践为中国当下的民主管理提供了很好的反思范式。渐进决策模式的主要特点是：目标与行动是相互交织、密不可分的关系；方案与现行政策只有量的差异，没有本质的区别；目标与手段有一个不断调适的过程；决策者追求的不是最优决策，而是参与决策的人们能一致同意的决策；政策决定是参与决策的人们采用各种方式、方法和手段相互作用并达成妥协一致的政治互动过程；渐进决策本质上是补救性的和改良性的。它的优点主要体现在三个方面：比较容易获得支持，注重量的积累，量变带动质变，可以达到稳中求变的目的，避免引起动荡的变革；现实可行，具有很强的实用性与灵活性；决策结果是次优决策的结果，各方基本满意。①

三、山东省地方高校办学理念与定位的环境因素

山东省地方高校的办学理念与定位受到众多因素影响，其中，环境因素起基础性、决定性作用，只有熟悉并立足于所处环境的实际，利用有利的因素，克服不利的因素，才能使确定的办学理念与定位具有意义，高校才能得以可持续发展。

（一）有利的环境因素

首先，近几年山东省对高等教育发展越来越重视。山东省已经意识到高等教育"大而不强"的实际状况，下决心加强高等教育建设，推动高等教育上水平、提质量。2019 年，山东省出台《山东省人民政府办公厅关于推进新时代山东省高等教育高质量发展的若干意见》（鲁政办字〔2019〕76 号），从七个方面提出了20 条措施，助推山东省高等教育高质量发展。② 可以预见，山东省地方高校在未来的发展中获得的政策及资金支持会越来越多，山东省办学自主权也会越来越大，这必将有利于山东省地方高校更好地定位。其次，山东省地方高校深受齐鲁文化深厚底蕴的影响和熏陶，形成了自己的校园精神和校园文化。这种精神和文化是山东省地方高校的立校之本，也是山东省地方高校的发展基础，就像厦门大学原校长朱崇实指出的，"一所大学，有没有魅力，有没有感染力，在于

---

① MBA 智库百科. 渐进决策理论［DB/OL］. https://wiki.mbalib.com/wiki/渐进决策.
② 山东省人民政府办公厅关于推进新时代山东高等教育高质量发展的若干意见［DB/OL］. http://www.shandong.gov.cn/art/2019/4/25/art_2259_31520.html.

它的积淀,也就是那些一代又一代人编织、演绎和传送的人文精神"①。再次,山东省地方高校发展空间大。山东是教育大省,这不仅体现在考生数量上,更体现在教育观念上。大多数山东家长有望子成龙、望女成凤的思想,并且基本是通过让孩子上大学来实现的,这种思想是长期积累形成的,并且还会存在很长时间,所以山东省地方高校会有持续不断的生源,这为山东省各地方高校进一步确立适合自己的办学定位和实现战略规划带来稳定的空间和机遇。

(二)不利的环境因素

首先,长时间以来,山东省地方高校获得的政府财政支持和政策支持不够。前面已经分析过,山东省对地方高校的资金投入位列全国后几名,严重阻碍学校的发展;同时,山东省地方高校的办学自主权也需进一步扩大,管得死、控得严不利于学校自身发展活力的激发,不利于各地方高校确定有特色的办学定位。山东省需要尽快落实《山东省人民政府办公厅关于推进新时代山东高等教育高质量发展的若干意见》,补齐欠账,消除短板,着力促进地方高校发展。其次,基于利益相关者视角,政府、社会、教师、学生、家长的意见都会影响高校的办学定位。地方高校的办学定位,既要符合国家教育政策、为社会培养需要的人才,又要兼顾广大教师、学生及家长的需求,不是一件容易的事情。再次,地方高校内部管理体制和运行机制存在问题。高校其实是一个二元化组织结构——一个是行政机构,一个是学术机构,在实际工作中,两者常常各行其是,不能很好地协调配合。高校校长的任职期限和选任标准有时也不利于学校的发展。一方面,我国高校校长的任期一般仅有四五年,有的校长任期甚至更短,这不利于学校的可持续性发展。另一方面,高校校长的选任往往较为注重其专业能力而轻视其管理能力,很多校长不具有教育学学科背景,在遵循教育规律、创新教育管理方面有所欠缺,这必然会影响学校的定位和发展。最后,山东省地方高校面临的外部竞争日益激烈。山东省高等教育整体水平在全国处于中游水平,国家推进的"双一流"建设不仅迫使高水平大学重新洗牌,对地方高校也是一个挑战,会进一步挤压山东省地方高校本来就不充裕的教育资源。

山东省地方高校在严峻的发展机遇和挑战面前,必须审慎分析所处环境,结合自身特点和实际,从战略的角度确定自身的发展理念与办学定位。这样才能让地方高校走特色发展之路,才能形成有别于其他高校特有的优势,进而形

---

① 钟岷源. 我为什么倡导精英教育——对话厦门大学校长朱崇实[J]. 南风窗,2009(13):63.

成核心竞争力。

第四节　山东省地方高校的发展路径和行动策略

　　地方高校发展战略的制定与实施是一项系统性工程,在深入分析内外部环境、确定办学理念和发展定位之后,明晰具体的发展路径和行动策略是实现战略目标的必由之路,也只有设计好发展途径、落实好行动策略,发展战略才不至于沦落为一纸空文。

一、山东省地方高校的发展路径

　　发展路径是明确走什么路的问题,即通过走什么路来实现发展。山东省地方高校的发展路径需要从政府和高校自身两个维度分析。

(一)政府做好地方高校发展的保障和服务

　　地方政府是地方高校的主管部门,加强统筹协调和宏观指导,为地方高校发展提供所需保障和服务是政府应有的角色任务。关于这一内容,本书已有论述,这里不再展开分析。

(二)山东省地方高校发展路径的着力点

　　山东省地方高校应该根据自身特点,把提高人才培养质量、服务区域经济发展,对接社会需求、调整专业设置,立足培养目标、调整专业教学计划,加强师资建设、提高教学水平,正确处理教学与科研的关系,做好产学研结合的六个方面作为发展路径的着力点。

1. 提高人才培养质量、服务区域经济发展

　　山东省地方高校和区域经济之间是一种协调发展的关系。山东省地方高校是助推山东省区域经济发展和产业转型升级的主要力量,同时,区域经济的发展也会给地方高校提供新的生源,这给山东省地方高校提出了具体的要求。首先应该主动配合区域经济发展所需的人才需求,积极为社会培养具有专业特长、适应能力和创造能力较强的优秀人才,也就是培养符合人才市场需求的实用型和管用型人才。在服务区域经济时,地方高校应该因时、因地、因人而异,将学校的人才培养与地方发展、产业革新等结合起来,为师生提供校地、校企联合的平台,指引师生开展应用型研究,进而高效地创造出市场需要的科研成果,

助力产业和企业转型升级,促进区域经济发展。

2. 对接社会需求、调整专业设置

"大学的发展是因为它满足了社会发展的需要,同样,作为大学组织细胞的任何一个学科组织,它的存在与发展,离不开社会的需要,在不断满足社会需要的过程中,学科得到了提高与发展。"①人才培养目标的制定要遵循"以社会需求为导向"的原则,即根据社会经济发展需求设置专业,确定教学内容,从强调高校能做什么、高校能培养出什么样的人才,转变为社会需要高校做什么、需要高校培养什么样的人才,这种"需要"来自社会各行业和各单位。山东省地方高校要结合自身的办学要求,充分利用山东新旧动能转换重大工程实施的机遇,不断接受新技术,优化专业结构,培养特色学生。同时,山东省地方高校要与时俱进,根据市场需求调整、改造专业,但是,要注意保留自己的传统优势专业,防止因为盲目对接市场需求而舍己之长。对于社会急需而自己又不具备的热门专业,要慎重论证,必须在具备条件的基础上,才能增设专业,切勿不从学校自身的办学优势出发设置专业,盲目攀比,否则容易导致培养的毕业生没"销路"。

3. 立足培养目标、调整专业教学计划

长期以来,山东省地方高校"培养了很多知识型人才,却忽略了应用型人才的培养,即便培养,也是重理论、轻实践,学生长于动脑、短于动手"②。教学是人才培养的主渠道,课堂是实现培养目标的主阵地,教师应立足于培养目标,根据人才知识、能力、素质结构的整体发展走向,调整专业教学计划,使之更好地适应社会需要。山东省地方高校可根据学生的需求,传授相关的知识,处理好基础课与专业课、理论课与实践课、必修课与选修课之间的关系,提升学生的专业素养,适应快速发展的人才市场。如可以开设综合实践课程,检测学生对所学知识的掌握情况。山东省地方高校还可以建立教学基地,给学生提供大量的实训机会,让学生能够将自己所学的知识运用到实践中,使其积累专业知识,拓展知识视野,为就业奠定基础。

4. 加强师资建设、提高教学水平

总体来看,山东省地方高校师资水平不高:一是数量不足,生师比偏高;二是层次不够,无论高学历教师所占比例还是高级职称教师所占比例都较全国平

---

① 宣勇. 论大学学科组织[J]. 科学学与科学技术管理,2002(5):32.
② 郑亚娟. 地方高校办学理念及其发展途径探讨[J]. 经济与社会发展,2004(4):158.

均水平低。高校要培养高素质的人才,关键的环节在于要有高水平的教师。山东省地方高校要着力加强师资建设:一是加强对教师的学历教育,力争年轻教师具有博士学位,大力引进高层次人才,提高教师整体的综合学历水平。二是着力做好教师的培训与培养,使教师获得良好的专业发展,可以选派有学术优势和潜力的骨干教师到国内外知名高校访问、交流,提高教师的教学与科研水平。如山东省不少高校设立了教师工作部,其主要职责就是强化教师的教育培养工作。三是培养跨学科、跨领域、具有综合能力的科研团队,加强应用研究,主攻实际问题。

5. 正确处理教学与科研的关系

教学和科研是高校的两大支柱,教学的任务是为社会培养人才,科研的任务是通过知识和技术服务社会需求。高校作为科学研究与成果转化的基地,在培养人才方面承担着重要的责任,其教学与科研紧密联系,科研选题主要围绕教学进行,通过教学可以对科研成果进行验证并为科研提供新思路。然而,目前高校中存在将科研与教学和服务社会功能分离、"为科研而科研"的现象,这主要是由高校职称评定的条件和标准所致。对于研究型大学来讲,其对这种纯科学研究是需要的,可以解决基础理论和知识创新方面的重大问题;对于地方高校来讲,要减少纯科学研究现象,将科研集中到解决社会生产需求技术难题上去,集中到促进教学提高人才培养质量上去,这是由地方高校的角色定位决定的。改变这一现象需要从政策上进行导向,将教学业绩和服务社会表现纳入职称评定条件。

6. 做好产学研结合

纵观国内外地方高校,产学研结合在一定程度上为人才培养做出了有益探索。产学研结合的人才培养模式协调了企业、学校、科研院所之间的资源,使学生将从学校学到的理论知识与在企业获得的实践知识相结合,实现学生综合素质的提高。山东省地方高校要逐渐成为科技创新的排头兵和主力军,通过产学研结合为山东新旧动能转换重大工程实施提供智力支持。做好产学研结合有益于高校科技创新平台的建设、高等学校社会服务意识的强化,进而提高山东省地方高校科研成果的转化率。通过强化校地合作、校企合作,使学生能够进入相关企业,开阔学生的视野,提升学生的实践水平,让课堂教学更加有效,能够进一步提高人才培养质量。同时,山东企业能够充分利用地方高校的资源,突破技术难题,通过为地方高校提供教育基地,间接地参与地方高校的教学、就业、创业。这个过程,使得山东的企业和地方高校能够紧密衔接,共同搭建育人平台,促进教育的发展。

二、山东省地方高校发展的行动策略

行动策略是解决"怎么走路"的问题,即如何将发展路径走好,如何及时处理路途中遇到的问题,该纠偏的纠偏、该督促的督促,最终到达目的地。行动策略分为宏观策略与微观策略,宏观策略即发展战略规划,微观策略即专项发展措施。本书的第六章将详细介绍山东省地方高校的发展战略对策,有鉴于此,本章仅从理论层面就山东省地方高校发展的宏观策略——发展战略规划进行分析。

(一)山东省地方高校发展战略规划面临的困境

高校发展战略规划分制定与实施两个方面,当前山东省地方高校发展战略规划在这两个方面都存在一定的问题。

1. 山东省地方高校发展战略规划制定中存在的问题

首先是缺乏鲜明的个性。高校发展战略规划的研究、制定缺乏创新性,基本是根据政府为实现区域经济发展制定的战略思想来运行的,"这使得各高校发展战略规划产生相同的结构文本与运行程序"[①]。山东省地方高校在发展战略规划制定过程中,存在"后制定的高校学习参照先制定的高校,水平较低的高校学习模仿水平较高的学校"两个特点,使得不同高校的规划背景、指导思想、人才培养目标定位、特色定位等具有同一性,个性明显不足。

其次是内生动力不足。长期以来,由于种种原因,山东省地方高校的办学自主权落实并不到位,地方高校作为组织还未完全从政府机构中分化出来,使得地方高校制定发展战略规划的积极主动性不能充分发挥。同时,地方高校领导中有高等教育学科研究背景的不是很多,"习惯于凭已有经验和个人偏好办学,甚至看'市场行情'办学,盲目跟风,趋同发展,多热衷于标新立异"[②]。这一方面是忽视了高等教育发展规律,导致部分地方高校的特色优势未能体现,有的地方高校甚至出现了被边缘化的现象;另一方面是对地方高校的特色、存在的不足等了解得不够,不能将外部环境与校情相结合,不重视高端人才的引进,使得地方高校吸引优秀人才的能力逐渐降低,加之高校数量激增、省内生源竞

---

① 赵哲,宋丹. 区域高等教育发展战略规划的缺失与现代体系建构[J]. 国家教育行政学院学报,2015 (12):70.

② 陈斌. 我国高校战略发展困境及其破解[J]. 现代教育管理,2015(5):24.

争激烈、生源质量下降等问题,制约了区域内高等教育的持续发展。

最后是对内外环境分析不够。教育的发展水平与社会的政治、经济、科技的发展水平是相适应的,在社会环境中孕育着教育的生存与发展。高校应全面研究所处的内外部环境,采取有力的措施在学校发展的关键时期确立相应的办学重点。现实中,山东省有的地方高校在制定发展战略规划前并没有充分发掘潜力,弥补发展缺陷,用经验主义代替科学、系统、深入、客观的分析,更有甚者直接借鉴其他学校的表述,不能准确把握学校的生存和发展背景,忽略了教育的两条基本规律,"一条是教育与社会发展的规律,称为教育的外部关系规律;一条是教育与人的发展关系规律,称为教育的内部关系规律"①。

2. 山东省地方高校发展战略规划实施中存在的问题

首先,缺乏必要的组织基础。"马克斯·韦伯根据权力性质将其划分为三种类型:传统的权力、感召的权力和合法的权力。传统的权力是世袭性的……合法的权力,主要来自科层制中法定的权力,譬如职权。他认为,合法的权力是现代社会科层化组织中权力的基本表现形式。"②高校发展战略规划是高校办学的重大决策,并不是某一个党政领导能够自己决定的,而是学校全体成员智慧的结晶。一方面,需要管理者从整体上进行把握,遵循教育规律,能够识别并且把握住机遇。另一方面,需要高校全体成员的努力,通过广泛参与、激发师生主人翁意识等方式确保规划在师生中被认可,这样才能将规划转化为行动,进一步推进落实工作。就山东省地方高校发展战略规划实施的组织基础而言,多数高校没有组建委员会或者专家组,发展战略规划由校领导直接负责或者交给某些部门独立完成,缺少对环境因素的监控。尽管部分高校在文件中提到成立专门的高校发展战略规划相关机构,但在实际落实中效果并不明显。另外,部分高校在机构的设置上存在随意性,因而在实施过程中会遇到很多阻力,甚至有的高校没有让师生参与机构设置造成学校与师生间的不信任,导致学校的整体规划失败。

其次,缺乏有效性评估。高校发展战略规划要得到有效实行,必须全校协同作用,不能只是单向的传输,在执行过程中要"自上而下"和"自下而上"相统一,畅通信息沟通机制,制定完后反馈给师生进一步评估,这样可及时收集不合理的信息,及时修改发展战略规划。从山东省地方高校发展战略规划的制定情况来看,"大多没有采用科学的方法和手段,很多规划都是出自领导的秘书之

① 潘懋元. 新编高等教育学[M]. 北京:北京师范大学出版社,1996:14.
② 阎光才. 大学组织的管理特征探析[J]. 高等教育研究,2000(7):55.

手,或者由学校相关部门（发展规划处等）根据领导的意见和所掌握的有限情况拼凑出来"①。有的地方高校的发展战略规划制定之后没有进一步对理念、任务定量进行评估,往往只是对执行结果进行监测与评估,忽视了执行过程中的评估,缺乏有效的监控机制,不能发挥发展战略规划的有效价值。

(二)山东省地方高校发展战略规划制定与实施的有效措施

1. 掌握理论基础,使发展战略规划的制定有依据

当前,高校在发展战略规划的制定和实施上存在着认识误区。有人认为发展战略规划没有理论,做好发展战略规划的诀窍不是理论修养多高、多深,而是如何将学校领导的意图弄清楚;有人认为发展战略规划就是一个拼盘,根据领导的意图将材料堆砌起来就形成了规划;还有人认为发展战略规划就是写出辞藻华丽的文章,在制定规划的时候,不是对高校的战略目标、战略思维、培养目标的思考,而是琢磨怎么写出比较出彩的文章或报告。上述认识误区,不利于高校发展战略规划的制定与实施。

高校发展战略规划的制定和实施是有理论基础的。一是以人为本理论。这一理论的核心是实现人的全面发展,做任何事情都要把出发点和落脚点放在最广大人民的利益上。当前,接受高等教育是实现人的全面发展的主要途径,高校要把以人为本的理念贯彻到发展战略规划的制定与实施全过程中,尊重教师的教学意愿,对师生的合法权益进行保护,充分发挥学生的主体地位,以提高学生的积极主动性为目的,不断提高教学质量与效率。二是组织再造理论。高校在发展过程中必定会有人员的变动,也有新旧机构的更替。学校在制定或变动规划制定机构时要保持基本架构的稳定性,尽量避免出现重新制定规划的现象。三是目标牵引理论。无目标或者目标不清晰的高校都很难发展好。目标是大学的理想和追求,对于规划制定者来说,要明确高校某一时期要办成什么性质和类型的学校,要对其现状和未来进行评判,是一种宏观性的战略。目标制定后,应以此为导引规划未来的发展方向及实施措施。②

2. 运用基本原则,使发展战略规划的制定科学化

第一,民主性原则。发展战略规划的制定与实施需经过一系列的民主程序,没有广大师生员工的参与,很难引起共鸣,很难让每一位成员自觉地贯彻落

---

① 别敦荣. 发展规划是大学改革与发展的航标[J]. 高等教育研究,2005(4):55-56.
② 别敦荣. 高校发展战略规划的理论与实践[J]. 现代教育管理,2015(5):6.

实学校发展战略规划。在制定发展战略规划时,应根据学校和管理对象的特点,发挥其主观能动性,群策群力民主实施规划。第二,特色原则。面对复杂的竞争环境,要想具有一定的核心竞争力,就要实施区域高等教育特色战略,因此,地方高校要准确定位,立足区域,科学规划。一是可以优化现有高等教育资源;二是坚持区域高等教育发展与地方经济发展相协调;三是科学布局区域内的教育结构,形成自己的相对优势,在竞争中以特色立校、特色强校取胜。第三,超越性原则。实现超越式发展是高校制定战略规划的目的之一,也是战略规划制定过程中必须遵循的原则。高校要想在发展过程中赶超自己前面的学校,并且避免被排名在自己后面的学校赶超,一是要有超越的理念和举措,二是要有主题、特色鲜明,三是要确定合理的赶超对象。

3. 探索有效路径,使发展战略规划的实施有效果

规划的制定仅仅是开始,落实不了一切都等于零,只有科学的规划科学地执行与落实了,才能推动高校科学地发展。增强发展战略规划的实施效果,首先,要做好基于监测的规划效能提升。监测对于战略规划的实施有着重要的作用,加强战略实施过程中的动态监测,及时跟踪指导,不仅要强化理念,还要对相关策略进行调整。其中,发展战略规划评估是监测规划实施成效的一种方式,主要包括以下几个方面:一是前期发展战略规划的评估,新的规划是在前期规划总结的基础上进行的,是在保持一贯性的同时进行强化、调整与创新;二是对理念的评估,既有对规划实施过程中前后理念的一致性评估,又有对整体与部分的评估,即评估学校整体规划与二级学院规划的一致性;三是可持续发展评估,规划在实施的过程中很容易受到政治、经济、文化等方面的影响,特别是一些大事件对其的影响尤甚,所以要及时关注规划实施过程中的大事件,根据目标完成情况评估对规划可持续性的影响。其次,要加强对发展战略规划的落实执行力。一是要建立规划执行组织机构,选派得力的高素质人员负责规划的落实。政策一旦确定,干部就是关键性因素,同样的,在规划落实过程中,组织机构和人员保障是基础性的第一步。二是要编制分层指标,层层分解、层层落实、层层监督,责任到部门、到负责人,从而提高发展战略规划的执行力。三是要确保资源充足,充分利用区域优势资源,加强与政府、企业的联系,为人才培养提供动力。四是加强发展战略规划各执行主体之间的理解和沟通,使大家形成合力,勠力同心,推动规划顺利实施。①

---

① 赵鑫全. 试论高校发展战略规划:作用、问题与对策[J]. 黑龙江高教研究,2017(12):76-77.

第五章
国内外地方高校发展战略案例分析

作为学校发展的顶层设计，发展战略规划在指导和规范学校的健康、可持续发展方面发挥着重要作用。新旧动能转换背景下，山东省地方高校面临着转型挑战。本章通过对两所国际一流区域性大学的战略进行分析，总结国外高校战略管理规划制定的基本方法和经验。在国内选取江苏省、四川省、陕西省、广东省和浙江省的相关数据，主要从学科建设、人才引进、资金支持、教育指数、学科和科研实力、国际化办学等方面进行比较，同时对五邑大学、扬州大学的发展战略规划文本进行分析研究，旨在为山东省科学制定及实施地方高校发展战略规划、配套政策措施以及为山东省地方高校的发展途径和行动策略分析提供有效咨询和建议。

第一节　国外一流区域性大学发展战略成功案例

美国奎尼匹克大学、加州圣玛丽大学等一流区域性大学成功地制定和实施了学校系列发展战略规划并取得了卓越成就。两所大学的发展战略规划有着重视环境扫描、战略目标科学、发展重点鲜明具体、规划内容连贯、战略措施针对性强等共同特征，这些无疑为山东省地方高校制定和实施发展战略规划提供了重要借鉴。

一、美国奎尼匹克大学发展战略个案研究

美国奎尼匹克大学是一所一流的区域性大学，建立于 1929 年，是一所以服务社区为中心、以本科生培养为重点的综合性大学，在美国具有较高的学术声誉。① 奎尼匹克大学开设了 51 个学士学位专业、20 个硕士专业，同时提供非全

---

① 　Quinnipiac University[DB/OL]. https://www.qu.edu.

日制教育及网络教育,荣获 2019 年美国"北方地区大学最佳学院"称号。

奎尼匹克大学规模虽小,但教学质量较高。该大学设有顶尖的专业课程。班级平均人数为 25 人,师生比为 1∶16。目前该大学为学生提供了大量的实践学习机会。学生可以在金融技术中心模拟股票买卖,还可以在运动分析实验室研究人类身体是如何移动的。奎尼匹克大学全心全意为学生服务。学校非常注重教师在教学中的互动和创新,每年都会嘉奖表现最好的教授。同时学校还会对提供上佳服务的职工给予年度嘉奖。学生在就业服务中心、学习中心以及任何地方都可以享受到学校提供的优质服务。

学校愿景:面向未来,以人文科学和自然科学为基础,传授对 21 世纪个人成功至关重要的职业和技能,在全球化社会中引领高等教育发展,实现学生职业生涯的成功。学校使命:中心任务是为世界范围内技术、产业结构和社会的急剧变革做好准备,在跟上 21 世纪不断加速的技术、商业、社会和环境变化的同时,致力于多样性和以学生为中心,培养学生成为 21 世纪的佼佼者。

(一)战略中的组织结构

奎尼匹克大学的运作由一个高素质的领导团队——包括校长、校长管理委员会、学术院长、领导委员会和董事会负责。2018 年 7 月 1 日,朱迪·D. 奥利安接任校长。在加入奎尼匹克大学之前,她曾担任加州大学洛杉矶分校安德森管理学院院长和约翰·安德森管理学院院长,任期将近 13 年。在她的领导下,奎尼匹克大学多方筹资 4.5 亿美元,用于学生和教师的教学支持和创新研究等工作。学校董事会构成了教育管理结构的基石,高效运行,董事会成员多来自非学术性行业,设有主席、副主席、秘书和司库,其中主席由董事会选举产生,任期一年,且不能连任。为履行相应的责任,董事会要求管理机构和教师制定长期的发展规划并确定主要的机构目标。董事会对高校的责任主要是治理而不是管理,其工作方式也从最初的包揽一切逐渐过渡到主要负责有关事务,这有助于高校规划针对社会需求及时做出反应,有利于高校保持自治。

(二)办学定位的理论内涵

1. 为职业实践而进行的科学教育

该大学围绕市场和职业不断发展的需求动态地调整其教学方法,并与塑造这些需求的企业紧密合作。朱迪·D. 奥利安校长任职期间争取到了师资招聘的主动权并放宽了该校师资招聘标准,从而吸引了世界各地优秀的具有职业技能的教师。

同时，该大学重视学生服务社区的能力的培养，在课程设计、实习指导、就业等方面积极加强和社区的合作。奎尼匹克大学发展战略规划重视应用型本科教育和科学研究，充分预测技术和市场的发展前景、社会趋势和挑战，秉承以教育、学术和社区为中心的价值观，进行包容性反思，开展为职业实践而进行的科学教育，并根据市场需求，提供了职业实践系列课程及培训，通过社区服务项目丰富学生的实践学习经验，在信息技术领域进行高端产品开发，并在国内外得以推广。

2. 鼓励跨学科合作

社会的高速发展，需要整合各学科的知识技术，因此，奎尼匹克大学将多样化、跨学科、国际化作为其发展战略规划的重中之重，提出要加强跨学科和合作教学项目的开展，在广泛使用跨学科教学方法的基础上，提供沉浸式、体验式学习。奎尼匹克学术和职业咨询中心（QACAC）采用综合、全面的方法来满足每个学生在学术、专业和个人生活方面不断变化的需求。

二、美国加州圣玛丽大学发展战略个案研究

加州圣玛丽大学始建于 1863 年，是美国西部一所领先的区域性综合大学。学校拥有 30 多个本科专业以及 10 多个研究生专业，并以其丰富的办学经验和出色的师资队伍向学生提供优质的教育。其中，全日制在校学生占全部学生人数的 91％，国际学生占全部学生人数的 2％。加州圣玛丽大学由四个学院组成：文学院、理学院、经济与工商管理学院以及卡尔马诺维茨教育学院，生师比为 13：1。学校特别重视学生知识、技能和思维习惯的培养，该大学在 2017 年《美国新闻与世界报道》进行的地区大学中排名中位列第 9 位。[①]

（一）战略中的组织结构

该大学建有健全的慈善捐赠体系，这种体系依赖二级学院支持及董事会的全面参与，并通过校友的参与增加慈善收入以支持战略规划中的优先发展事项。该大学规划的制定很注重听取社会各界和学校师生的意见，董事会认为成功实施战略计划需要多方参与，先由学校发展规划委员会邀请教育管理人员、社区管理人员、工商界人士、校友等举行系列座谈会，然后通过信息技术分析整理座谈记录，并将其作为学校确定发展目标时的参考。董事会的责任主要包括

---

① Strategic Plan[DB/OL]. https://www.stmarys-ca.edu/strategicplan.

坚持清晰的学校使命、坚持长期规划、评估规划实现情况等。

学校总体规划定稿之后在网上发布,同时各部门编制专项规划,使发展目标更有针对性和操作性。各部门根据总体规划编制年度计划,把规划确定的目标分解到年度和部门,这样更便于贯彻落实,便于检查评估。为了掌握规划的实施情况,规划委员会每年还要对规划实施情况进行检查评估,并及时调整。

学校发展规划委员会将跟踪和评估规划的进展。该委员会的职责包括监督二级机构战略计划的实施情况并进行评估,就战略资金分配向校长提出建议,并根据战略的运营情况重新预测目标。

(二)办学定位的理论内涵

1. 强化校企合作,突出办学特色

该校的战略以服务社区为办学根本,为各阶层提供各类教育与服务。该校重视同校外工业、商业及其他机构的合作,通过校企合作有效拓宽学校职业教育培训领域,不断开拓新的职业培训领域。规划并鼓励校内各部门更积极地参与市场、招聘、员工雇用、课程发展及设计、资源配置等一系列项目。在制定规划的过程中重视围绕自身特色,突出重点,把有限的资源集中投入到最需要发展的领域,并明确了未来和企业合作的领域,涉及纳米科技、生物科技、新一代信息技术等15个领域。该校在制定规划的过程中很看重企业建议,在制定规划的委员会中就有企业代表。

2. 构建完整的职业生涯教育体系

通过将学生的学术和课外经验与专业和/或研究生工作(例如,实习、顶岗课程以及与教职人员、社区/专业合作伙伴的协作)相结合,为毕业生做好有意义的职业生活准备,并提供持续的支持。学校开设了相应的职业规划课程,而且学校与职业培训机构或单位也积极地进行联手,开设职场训练课程,培养学生的专业素养,职业教员由职场有经验的成功人士担任,充分调动校内外优质资源,进行有机重组。职业生涯教育贯穿大学全过程,全程性与循序渐进的特点被充分得以体现,这有利于学生从校园内的宿舍文化与课堂文化过渡到办公室文化、工厂文化当中,做到学习与工作的无缝衔接。同时,借助美国职业开发协会,鼓励就业指导服务机构广泛参与。

三、两所大学发展战略规划的特点

(一)两所大学发展战略规划文本的特点

综观两所大学的发展战略规划文本,其大致具有如下特点。

1. 高度重视环境背景分析

环境背景分析是大学发展战略规划制定的起点。在制定发展战略规划之前,必须对学校的内外情况有清醒的认识和准确的把握。因此,要全方位、多角度地搜集高校本身及社会发展的情报。案例学校中,规划机构往往也承担了学校的相关数据信息搜集工作,并对学校数据信息进行分析整理。此外,规划机构还要承担对国内高等教育发展政策和国际高等教育发展趋势情报的搜集和分析研判职责,以便更好地为学校的决策者和管理者提供有效的信息,以促进学校管理的科学化,促进学校的快速发展或成功转型。

2. 强调世界一流师资队伍

两所大学都把人才强校战略作为学校发展的核心战略,把对一流师资人才的吸引和培养放在学校发展的突出位置,案例大学都提出要从世界范围内吸引最高质量的教学和科研人员,招收卓越学生,聘请一流教师并使他们快乐,并配套提出了完备的考核、评估制度。[①]

3. 强调国际化视野

综观两所案例大学发展战略规划可以发现,国际化已是两校追求的重要目标。两所大学在制定总体目标时都提出要力争成为有影响力的世界级大学,也把追求国际化的内容加以具体化。例如,美国奎尼匹克大学(面向 21 世纪)提出,要"创造一个重要的全球性视野,以增加我们研究、学术、人文、教育和服务的国际识别度、目标和影响"。美国加州圣玛丽大学在 2009—2012 年的发展战略规划中强调,要"拓宽学生的国际视野,加强课程、教员及学生的国际化"。

4. 强调社会服务意识

服务社会是大学的基本使命。两所大学都把增强服务社会意识、提高服务社会水平列为重要的发展目标之一。例如,美国奎尼匹克大学提出,要"为公众提供服务,努力为提高州、国家乃至世界的生活质量而工作"[②]。美国加州圣玛

---

① 顾志勇. 高校发展战略视域下的教师队伍建设成本管理研究[D]. 苏州:苏州大学博士学位论文, 2016.
② 杨习超,周川. 论高校章程建设中的社会多元监督[J]. 学术探索,2016(6):112-118.

丽大学在 2006—2010 年的规划中提出,要"通过研究成果、毕业生素质、企业化活动、政策导向、继续教育等服务于本地区、国家和国际社会"。

5. 全员参与规划过程

广泛调动校内外一切关心学校发展的力量为学校出谋划策,积极探索学校发展的合理道路,是大学规划顺利制定和有效实施的重要条件,特别是要广泛听取全校师生员工的意见建议,接受他们的监督检查,使规划成为师生员工共同关心和愿意为之奋斗的行动纲领。

奎尼匹克大学在规划制定过程中专门成立了战略规划委员会(Strategic Planning Committees),下设 14 个小组:艺术、人文与社会科学组,生命科学组,教育连续性组,本科生教育组,研究生教育组,研究与学术组,师资队伍组,财务与运营能力组,国际视野组,组织与领导组,校园环境组,技术创新组,产业化组和城市社区组。216 位来自各个院系和部门的教师和行政管理人员参与了规划的草拟工作。为了保证各组工作的有序开展,学校还从校长办公室、教务长办公室、副校长办公室等部门抽调了 16 名工作人员担任各小组的秘书。

这两所国外大学都把规划文本放到学校网站上进行公示,请校内外各方人士提出意见和建议。这些文本一般形式活泼、结构新颖、制作精美、图文并茂,配有凝练而富有感召力的标题,给人以鼓舞和振奋。

(二)两所大学发展战略规划的监督、评估和完善

两所案例大学普遍重视发展战略规划的落实和评估,注重对过程的监督,注重对规划实施情况的评估并不断完善。学校为规划的实施制定了具体的目标和衡量标准,然后据此对规划的执行情况进行评估,并根据评估结果对规划进行调整和完善,以更好地适应形势的变化。所做的评估通常有两种。一是经常性的评估,每月一评或者每年一评。二是总结性的评估,即在发展战略规划完成后进行评估。主要有以下做法。

1. 建立专门机构负责监督、落实规划的执行

为了提高规划执行的力度,国际一流区域性大学一般会建立专门的机构负责监督、落实规划。不少大学的规划监督机构会制订年度评估计划,对规划实施情况进行跟踪,各规划执行部门每年提供一份进展报告。学校的规划与预算部既是规划制定部门,也是规划监督部门。美国加州圣玛丽大学不仅有专门的规划监督机构,而且对监督的内容和监督工作人员的素质和能力都有很明确的要求。具体而言,其发展战略规划监督机构主要是指导委员会(又称"督导委员

会")。指导委员会不仅对学校发展战略规划的实施给予全面的指导,而且严格控制发展战略规划实施的时间,并且督促发展战略规划实施各个部门和学院全力合作,为发展战略规划实施提供财力、物力和人力等多方面的保障和支持。此外,为了更加科学有效地实施发展战略规划,该校还设定了发展战略规划实施的激励考核办法并适时调整学校发展战略规划实施方案。

2. 预算以规划为依据

资源配置是实现规划目标的最重要的保障。如果预算不以规划为依据,规划就会成为一纸空文。奎尼匹克大学的 2005—2010 年规划出台后要求"预算应该遵循规划,而不是规划遵循预算"。该大学坚持预算政策以发展战略规划为导向,一方面把资金投向规划确定的重点领域,集中财力,保证重点,确保规划目标实现;另一方面,新的预算模型将根据规划执行情况,激励、支持和奖励那些在实现发展战略规划目标方面取得进展的单位。[①]

3. 建立评估指标体系

国际一流区域性大学的发展战略规划常常在目标和措施中列出了"benchmarks"或者"metrics",即用于衡量的标准或者一些参考数值。对其作用,奎尼匹克大学做了说明:评估规划的执行情况,以便对规划进行调整完善。在评估过程中,最重要的是制定适合本校的评估标准与指标,制定明确的关键绩效指标,明确达到怎样的状态才表明已经完成了使命,用哪些指标可以衡量工作完成的有效性,主要涉及在校生的总体满意度、毕业生全职就业情况、毕业生继续深造情况、学生滞留情况、学生保持就学进程情况等。

4. 建立多层次的监控系统

高级管理层要定期检查评估学校的监控系统,通过实施某项任务的操作性计划、领导实施某项任务的高级管理人员的口头或书面报告、学校规划部门的口头或书面报告、专题会议等渠道,获得足够的监控信息并质询、核实信息的可靠性和一致性。例如,奎尼匹克大学校长每周召开一次工作碰头会,研讨规划的执行情况。[②]

5. 强调对规划的不断完善

国际一流区域性大学的规划理念为,规划是一个不断循环的前进过程,环境是不断变化的,要在执行过程中不断发现问题、调整目标,不断对规划进行评

① 田虎伟,宋书中,李友军. 高校的学院发展战略实施研究[J]. 山东高等教育,2014(2):34-38.
② 张安富. 澳、新大学发展规划的制定及启示[J]. 国家教育行政学院学报,2018(11):92-95.

估和完善。① 例如,美国加州圣玛丽大学要求每年的财务预算为发展战略规划的执行和绩效管理提供经济保障,学校每年对各单位的年度工作计划执行情况进行监督检查,结果与下一年度的预算拨款直接挂钩。美国奎尼匹克大学研究室和校长办公室每年会根据目标实现情况编写规划实施进展报告,报告主要以图表的形式直观地表现目标实现程度以及与设定目标值的差距,进展报告不仅会提交大学董事会,还通过网站向全校及社会公布。② 学校每年都会对战略规划文本进行年度性回顾和滚动推进,比如最初制定的是 2004—2009 年的规划,则第二年就修订发展为 2005—2010 的规划,依次类推,每年都会形成一个新的五年计划,根据对上次规划执行情况的总结、对当前环境的分析以及对未来趋势的预测,修正原有规划中不适应的部分,同时制定年度操作计划和财务预算,以此保证大学能够依据环境的变化进行决策。③

第二节　五邑大学和扬州大学发展战略个案研究

发展战略规划文本是学校办学理念、办学定位、发展目标、办学特色、战略举措的载体与反映,也是推进学校学科发展的重要指引。制定发展战略规划,能够明确划分部门的职责和任务,调动战略实施者的工作积极性。通过对比地方高校发展战略规划文本,我们发现,扬州大学和五邑大学的发展战略规划文本较为突出。同时,"十三五"期间,两所高校按照"十三五"发展战略规划部署落实,在同类地方高校中异军突起,发展迅速,在各项大学排名中提升较快。因此,本部分通过对扬州大学、五邑大学"十三五"发展战略规划文本的比较、归纳和分析,揭示了案例大学对山东省地方高校建设的借鉴意义。

一、五邑大学发展战略分析

(一)学校基本情况

五邑大学是由广东省人民政府于 1985 年设立的以理工科为主的多科性大

---

① 彭宗德. 高等学校发展战略研究[D]. 哈尔滨:哈尔滨工程大学硕士学位论文,2007:4.
② 湛毅青,彭省临. 美国高校战略规划的编制与实施研究——以爱荷华州立大学为例[J]. 现代大学教育,2007(4):52-58.
③ 周巧玲. 自我评估与监控:大学战略规划的双翼[J]. 清华大学教育研究,2009(1):106-109.

学,是广东省较早获得硕士、学士学位授予权的地方高校,具有接收港澳台地区学生及国际学生资格和推荐优秀应届本科毕业生免试攻读研究生资格,现为广东省高水平理工科大学建设高校。学校面向全国 24 个省区市及港澳台地区招收本科学生,面向国内外招收研究生。现有各类在籍学生近 2.4 万人,其中全日制本科生近 2 万人,研究生 800 余人。学校设有 17 个教学机构,81 个本科专业(方向),涉及工、理、经、管、文、法、艺术 7 个学科门类,理工类专业(方向)占比 60%。现有国家级特色专业、国家级专业综合改革试点共 5 个,省级一流本科专业建设点 5 个,省级重点(名牌)专业、省级应用型人才培养示范专业等共 38 个,国家级大学生校外实践教育基地 1 个,省级大学生实践教学基地 21 个,省级实验教学示范中心 14 个。学校现有专任教师近 1100 人。专任教师高级职称占比近 50%,博士学位占比达 50%;拥有国家级高层次人才 30 人、省级高层次人才 15 人、海外各类优秀人才 60 人。学校拥有省级新型研发机构 1 个、省级工程技术研究中心 8 个、省级人文社科研究基地 2 个、省级非物质文化遗产研究基地 1 个、省级区域产业知识产权分析评议中心 1 个、市厅级科研平台 56 个。[①]

(二)使命和办学定位

使命:高举中国特色社会主义伟大旗帜,全面贯彻落实党的十九大精神,以习近平新时代中国特色社会主义思想为指引,继续秉承"根植侨乡,服务社会,内外合力,特色发展"的办学理念,不断加强内涵建设,进一步加强特色建设,着力提升办学质量和水平,为建设"应用型人才培养特色鲜明,服务地方产业发展能力突出"的高水平理工科大学而努力奋斗。

办学定位:学校坚持践行"好学、多思、求实、创新"的校训,秉承"根植侨乡,服务社会,内外合力,特色发展"的办学理念,积极培养思想品德高尚,基础知识扎实,具有国际化视野、较强实践能力和创新创业能力,适应地方经济社会发展需求的高素质应用型人才。

发展战略规划:学校紧紧围绕创建"应用型人才培养特色鲜明,服务地方产业发展能力突出"的高水平理工科大学的发展目标,增强全体师生对学校发展的目标自信、模式自信、能力自信、文化自信,不断加强学校内涵建设,进一步培育、凝练特色,并使特色转化为发展优势,切实提高人才培养质量和服务地方产

---

① 五邑大学. 五邑大学简介[EB/OL]. https://www.wyu.edu.cn/xxgk/xxjj.htm.

业创新发展的能力,为地方实现创新驱动发展战略提供有力的支持和服务。

(三)发展战略措施分析

五邑大学"十三五"发展战略规划文本,对发展战略措施有明确描述,主要措施总结如下。

1. *拓宽办学经费来源渠道,多方筹措办学经费*

通过省市共建,积极争取政府增加办学经费投入和专项经费投入;拓展和深化学校的社会服务功能,依托新型研发机构和其他科研服务平台,以更优质的服务获取社会资源对学校建设和发展的支持;努力开拓学校自筹经费渠道,继续发挥校董事会的作用,积极争取更多的海外资源支持学校的建设和发展。

2. *构筑区域科技研发基地,探索"产教融合"新机制*

五邑大学的科研与社会服务工作以应用研究、技术开发为主,在力所能及的情况下支持理论研究;注重加强与区域经济社会支柱产业合作开展应用型科技研发,形成自身的研究特色,充分发挥科研功能,提升科研能力;以校政行企联盟组建的教育装备学院和机器人学院为抓手,实现校企共建特色学院;探索协同育人管理新机制,协同解决产业人才培养问题;根据行业人才培养的需求,校企共同制定培养方案,设计企业学习和实践内容,利用产业的实践条件与人才资源,建立行业企业深度参与的高校治理机制。[①]

3. *分类建设,彰显学科特色与优势*

五邑大学瞄准地方产业发展需求,在以多学科交叉融合和应用型为显著特色的新一轮学科建设中,通过省市共建,加大投入力度,重点加强大健康产业及清洁生产技术、新型材料及元器件、轨道交通装备及技术等与地方产业发展密切相关的特色学科建设,服务创新驱动发展。继续发展侨乡文化、经济管理等传统优势学科,强化应用对策研究,进一步发挥"智库"作用,为政府决策建言献策,促进地方文化建设与文化产业发展。继续发展基础性学科,努力在基础性研究方面形成特色与优势。

---

① 王克,纪秋颖. 中心城市高校融入区域经济社会谋发展的策略——基于广东五邑大学的经验[J]. 高教探索,2013(3):27-32.

二、扬州大学发展战略分析

(一)学校基本情况

扬州大学坐落于国家首批历史文化名城扬州,是江苏省人民政府和教育部共建高校、江苏省属重点综合性大学、江苏高水平大学全国百强省属高校建设计划支持高校,全国首批博士、硕士学位授予单位,全国率先进行合并办学的高校。学校设有 29 个二级学院和 1 个独立学院,124 个本科专业,涵盖哲学、经济学、法学、教育学、文学、历史学、理学、工学、农学、医学、管理学、艺术学 12 大学科门类。全校有普通全日制本科生 24895 人,各类博、硕士研究生 10772 人。继续教育学生 20735 人,海外学生 1331 人,具体分布见图 5-1。现有一级学科博士学位授权点 21 个,一级学科硕士学位授权点 50 个,博士专业学位类别 3个,硕士专业学位类别 27 个,博士后流动站 20 个;拥有国家级重点学科 2 个,国家重点(培育)学科 1 个,省优势学科 7 个,省"十三五"一级学科重点学科 6个,省一级学科重点(培育)学科 3 个,化学、植物与动物科学、工程学、农业科学、临床医学、材料科学、计算机科学 7 个学科的 ESI 排名进入全球大学和科研机构前 1%。[①] 建校以来学校走过了一条"联合—合并—调整—提高"的改革发展之路,形成了文科底蕴深厚、农科优势突出、科学人文交融、分类协调发展的办学特色,为我国高等教育管理体制改革提供了有益的经验,被誉为"高校改革的一面旗帜"。见图 5-2、图 5-3、图 5-4。

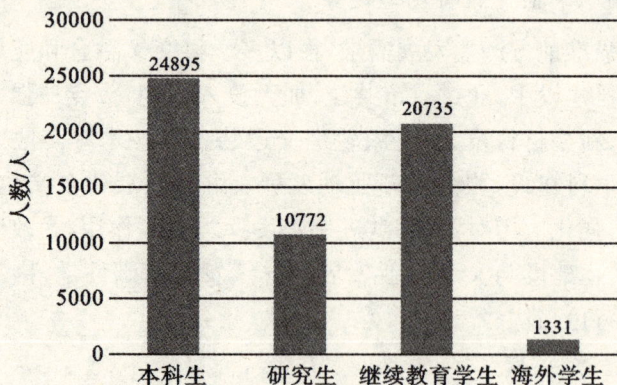

图 5-1 扬州大学在校生分布情况

---

① 扬州大学. 扬州大学简介[EB/OL]. http://www.yzu.edu.cn/col/col37632/index.html.

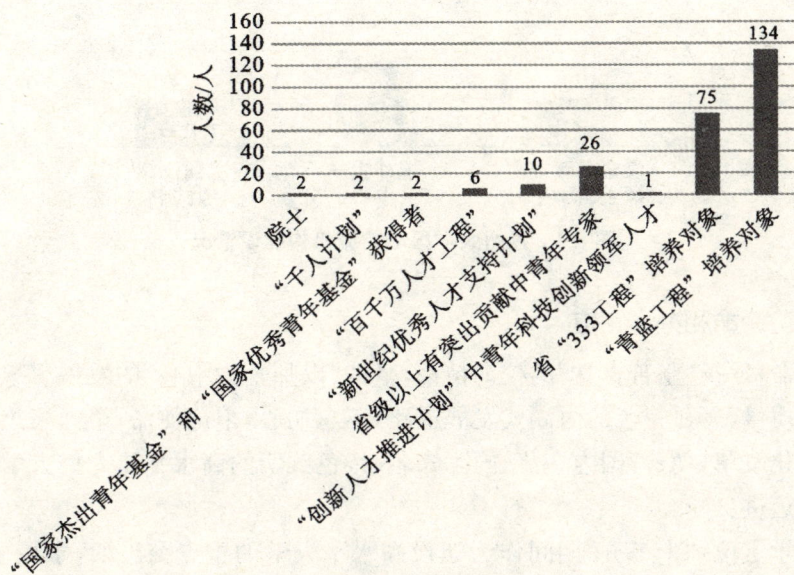

图 5-2　扬州大学高端人才情况

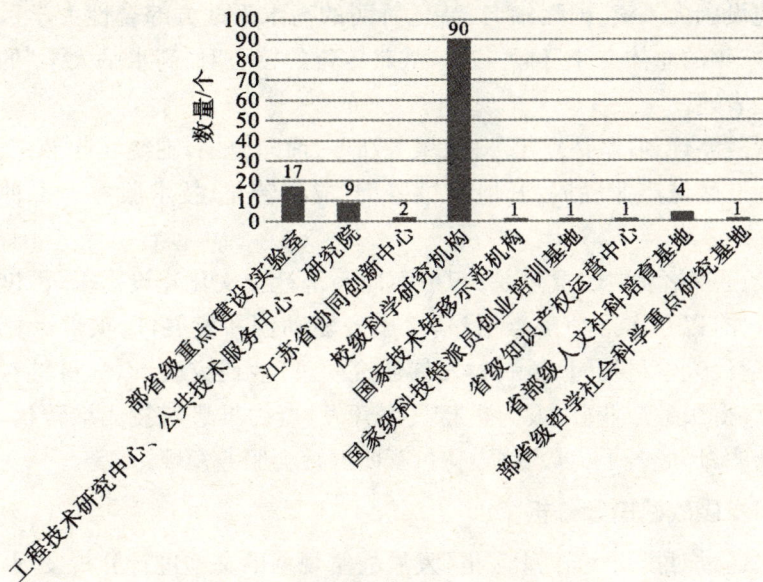

图 5-3　扬州大学校内科研机构情况

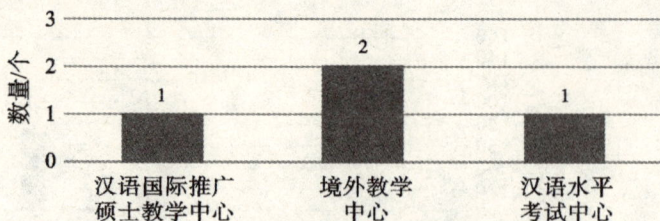

图 5-4　扬州大学国际交流机构建设情况

(二)使命和办学定位

使命:发扬"坚苦自立"的校训精神,坚持"以师生为中心"的发展思想,坚持走提高质量、彰显特色的内涵式发展道路,不忘初心,牢记使命,全力聚焦一流,全面深化改革,朝着"国内一流、国际知名、特色鲜明的高水平研究型大学"的目标阔步迈进!

办学定位:"十三五"期间作为建设高水平大学的重点突破期,学校主要目标是办学指标基本达到国内公认的高水平地方综合性大学标准,部分学科和领域具有一定的国际影响力。在战略评估的基础上,扬州大学提出了新的战略定位,即"建设国内一流、国际知名、特色鲜明的高水平地方综合性大学",以此作为今后 20 年的总体奋斗目标。这一战略定位的核心对"高水平大学"的内涵进行的新的表述。[①]

发展战略规划:坚持立足苏中、服务江苏、面向全国,围绕江苏沿江、沿海开发战略以及区域产业发展,开展决策咨询、成果转化、技术服务等多种服务形式。

学校区域化发展的重点是:积极面向经济社会文化建设需求,深度开展政产学研合作,以合作推动互惠双赢,以服务驱动创新发展,以项目彰显服务实力;重点建设大学科技园、新农村发展研究院、产业研究院,以学科链对接产业链、以学科群服务产业群,大力进行技术开发,着力推进科技成果转化;有效整合研究资源,形成若干优势明显、特色鲜明的社会服务领域。[②]

(三)发展战略措施分析

本书通过对扬州大学"十三五"发展战略规划的文本进行分析发现,扬州大

---

① 张继龙. 高校战略转型的决策过程研究——以扬州大学为例[J]. 煤炭高等教育,2014,32(3):17-21.
② 扬州大学. 扬州大学"十三五"事业发展规划[EB/OL]. http://xxgk.yzu.edu.cn/art/2018/9/28/art_48587_649620.html.

学全面审视学校内外部发展环境,汇聚全校智慧集思广益,综合研判学校的发展前景,实施了可行的方案。

1. 采用资源和能力匹配的非均衡策略

文本分析显示,扬州大学充分发挥学校优势,走错位发展、差别发展、特色发展道路。在科学研究和学科建设中突出重点,形成特色,集全校之力,培育国家重点学科;打破学科分散壁垒,突出学科交叉融合,增设国家跨学科重点科研平台;优化资源配置,打造学术特区。按照分类管理、分类评价的模式,深化改革,调动全校师生的积极性,增强师生的使命感和责任感,激发学校内生活力。充分发挥省部共建的优势,在一流学科、特色专业和为区域生态文明、农业现代化、社会主义新农村建设服务等方面充分彰显学校特色。

2. 在区域化建设方面,彰显地方性特色

扬州大学围绕国家"一带一路"倡议及长江经济带发展、长三角一体化、江苏沿海发展等战略,坚持"立足江苏、融入区域、服务全国",发挥学科门类齐全的优势,强化社会服务职能,与地方及行业的合作更加深化,与地方的联系更加紧密,与产业的对接更加深入。积极面向经济社会文化建设需求,深度开展政产学研合作,以合作推动互惠双赢,以服务驱动创新发展,以项目彰显服务实力;重点建设大学科技园、新农村发展研究院、产业研究院,以学科链对接产业链、以学科群服务产业群,大力进行技术开发,着力推进科技成果转化;有效整合研究资源,形成若干优势明显、特色鲜明的社会服务领域。

3. 因地制宜,走出地方高校的国际化道路

扬州大学抓住世界教育资源跨国配置活跃、教育要素流动加快的有利时机,将国际维度整合到学校人才培养、科学研究、社会服务、文化传承等职能中,大力提升开放发展水平,以国际合作项目和境外合作项目为推手,进一步扩大学校与国际知名大学、科研机构的合作交流,努力争取国际优质教育资源,积极推动多层次资源共享,不断提高学校的国际知名度和影响力。扬州大学作为地方高校因地制宜乘势而上,突出学院在国际化发展中的主体地位,国际化发展有声有色。[①]

---

① 五邑大学. 五邑大学信息公开专题[EB/OL]. https://xxgk.wyu.edu.cn/xxgk/.

第三节　我国地方高校发展省级数据比较

　　本部分内容将选取江苏省等五个省份高等教育的相关数据与山东省高等教育的相关数据进行对比。我们根据高等教育的基本职能以及办学的主要指标，主要对学科建设、人才引进、资金支持、教育指数、学科和科研实力、国际化办学等涉及办学的主要统计数据进行比较，同时将五邑大学、扬州大学作为个案进行了分析。①

一、学科建设数据比较

(一)"双一流"建设名单对比

　　2017 年 9 月，教育部新闻办公室正式发布了世界一流大学和一流学科建设高校及建设学科名单，其中一流大学建设高校 42 所，包括 A 类高校 36 所，B 类高校 6 所。一流学科建设高校为 95 所，建设学科共计 459 个。② 通过分析名单发现，原"985 工程"高校 100％入选一流大学建设高校，原"211 工程"高校 100％入选一流学科建设高校或一流大学建设高校，"双一流"建设高校中有34.3％（47 所）是地方高校，25 所非"211 工程"高校入选一流学科建设高校③。

　　从公布的名单可以看出，山东省省属高校无一入选，驻鲁部属高校中，山东大学和中国海洋大学入选世界一流大学建设高校名单，山东大学、中国海洋大学、中国石油大学三所学校的六个学科入选一流学科建设名单，六个学科分别是山东大学的数学和化学、中国海洋大学的海洋科学和水产以及中国石油大学的石油与天然气工程和地质资源与地质工程。从学科门类上看，人文社科类、医学类以及其他新兴学科等领域都没有入选。

---

① 宫富. 大数据背景下的地方高校发展战略研究——以浙江理工大学为例[J]. 内蒙古师范大学学报（教育科学版），2016,206(3):16-20.
② 张雪. 世界一流高校排名特征与我国"双一流"高校建设分析[J]. 兵团教育学院学报,2018.
③ 杨科正，王富平. 促进一般地方高校充分发展，补齐中国高教最"短板"[J]. 教书育人（高教论坛），2018,637(15):9-11.

表 5-1 统计了山东省、江苏省、四川省、陕西省、广东省和浙江省"双一流"高校入选名单,从表中可以看出,山东省入选比例与浙江省相近,但远远低于其他四个省份。

表 5-1　六省份"双一流"建设情况对比表

省份	双一流建设高校		一流大学建设高校		一流学科建设高校	
	数量/所	占比/%	数量/所	名称	数量/所	名称
山东省	3	2.2	2	山东大学、中国海洋大学	3	山东大学、中国海洋大学、中国石油大学(华东)
江苏省	15	10.9	2	南京大学、东南大学	13	中国药科大学、南京农业大学、南京师范大学、苏州大学、南京航空航天大学、南京理工大学、中国矿业大学、河海大学、江南大学、南京林业大学、南京信息工程大学、南京中医药大学、南京邮电大学
四川省	8	5.8	2	四川大学、电子科技大学	6	西南交通大学、四川农业大学、西南财经大学、西南石油大学、成都理工大学、成都中医药大学
陕西省	7	5.1	3	西安交通大学、西北工业大学、西北农林科技大学	4	长安大学、西安电子科技大学、西北大学、陕西师范大学
广东省	5	3.6	2	中山大学、华南理工大学	3	暨南大学、华南师范大学、广州中医药大学
浙江省	3	2.2	1	浙江大学	2	中国美术学院、宁波大学

表 5-2 统计了驻江苏省、广东省、四川省、陕西省、浙江省和山东省高校一流学科建设入选名单的数量,从中可以看出,驻山东省高校一流学科入选数量也远远低于其余五个省份,山东省省属地方高校学科无一入选。

表 5-2　六省份一流学科数量对比

省份	一流学科数量/个
山东省	6
江苏省	43
四川省	7
陕西省	16
广东省	18
浙江省	20

　　从各省公布的一流大学建设方案或者相关文件中可以看出,各省对学科布局都有非常明确的方向和规划,集中体现了对未来高校学科建设的总体思路。表 5-3 对六个省份学科布局的原则进行了梳理。

表 5-3　六省份学科布局总则及基本目标对比

省份	学科布局总则及基本目标
山东省	适应经济社会发展需求,立足山东省高等教育发展实际,科学规划一流学科建设布局。对接国际标准,优先支持优势突出学科,冲击世界一流;对接国家创新驱动发展战略和山东省重大战略需求,重点支持具有原始创新能力和解决重大问题能力的节能环保、新一代信息技术、新能源等战略性新兴产业学科,服务产业技术变革和结构升级;对接山东省社会事业需求,统筹应用型为主的理工类学科和人文社会科学类学科发展,增强交叉与融合,培植新的学科增长点,促进协调发展
江苏省	以国家重大需求为导向,提升高水平科学研究能力,为经济社会发展和国家战略实施做出重要贡献。坚持有所为有所不为,加强学科布局的顶层设计和战略规划,重点建设一批国内领先、国际一流的优势学科和领域。提高基础研究水平,争做国际学术前沿并行者乃至领跑者。推动加强战略性、全局性、前瞻性问题研究,着力提升解决重大问题能力和原始创新能力。大力推进科研组织模式创新,依托重点研究基地,围绕重大科研项目,健全科研机制,开展协同创新,优化资源配置,提高科技创新能力。打造一批具有中国特色和世界影响的新型高校智库,提高服务国家决策的能力。建立健全具有中国特色、中国风格、中国气派的哲学社会科学学术评价和学术标准体系。营造浓厚的学术氛围和宽松的创新环境,保护创新、宽容失败,大力激发创新活力

（续表）

省份	学科布局总则及基本目标
四川省	按"扶优、扶新、扶需、扶特"的原则，根据权威第三方评价结果并综合考虑与省重点产业发展的关联度等因素给予高校支持
陕西省	以国家重大战略、陕西经济社会发展重大需求为导向，集中力量攻克一批核心技术，布局一批前沿基础研究项目，围绕国家和陕西经济社会发展的重大理论和现实问题，产出具有重要影响的哲学社会科学创新成果
广东省	以博士学位授权学科或国家、省重点学科形成的优势学科群为依托，在国内外同类学科领域已有较明显的比较优势，有扎实的建设基础，并具有较强的资源汇聚能力、支撑经济社会发展能力和文化传承与创新能力，学校整体规划和改革方案对重点建设项目有较好的支撑和保障作用
浙江省	实施一流学科建设工程。瞄准学术前沿，聚焦国内一流，对接区域经济发展，统筹学校内外部资源，以一级学科为单位，重点支持建设一批有望成为国内领先、国际先进的学科，择优培育一批对接重大发展战略、有跻身国内先进行列基础的学科。到 2020 年，有 40 个左右学科进入全国前 10%、100 个左右学科进入全国前 30%，争取省属高校 ESI 前 1‰取得突破，一批学科进入 ESI 全球前 1%，若干学科名列全国前三位

　　此次公布的"双一流"建设名单，江苏、广东、四川、陕西和浙江五个省入选的一流学科覆盖面较广，既有传统学科，也有新兴学科，集中体现了各省学科建设布局的成效。

　　广东省出台的《高等教育"冲一流、补短板、强特色"提升计划实施方案》（简称《实施方案》）是极其重要的政策。它将公办本科高校分成"冲一流、补短板、强特色"（简称"冲补强"）三类，进行分类发展，力争到 2020 年全省高等教育综合实力、核心竞争力和国际影响力大幅度提高，8~10 所高校进入全国百强。针对入选国家"双一流"和广东省高水平大学建设的高校，启动"高水平大学建设计划"；针对粤东西北地区和珠三角非核心区域的本科高校，启动"粤东西北地区高校振兴计划"；针对部分高水平理工科大学和行业特色显著的高校，启动"特色高校提升计划"。[①] 而山东省在学科建设方面与上述五省有着不小的差距，这种现象值得我们反思。

---

① 广东省教育厅．"冲补强"：广东高水平大学建设进入 2.0 时代［EB/OL］．http://edu.gd.gov.cn/ztzl/gdsgspdxjszl/xxjj/content/post_1596896.html．

(二)山东省与其他省份"双一流"建设的政策分析

目前各省级政府相继出台了"双一流"建设专项政策或与之相关的文件,如四川省的《统筹推进世界一流大学和一流学科建设实施办法(暂行)》、江苏省的《高水平大学建设方案》、广东省的《高水平大学建设实施方案》、山东省的《推进一流大学和一流学科建设方案》和陕西省的《关于建设"一流大学、一流学科,一流学院、一流专业"的实施意见》。[①] 通过对这些政策文件的内容进行分析,我们发现不同省份对"双一流"大学的建设有不同的发展战略规划。

总体来说,山东省的现有学科结构与产业结构、社会发展结构不协调,必须根据山东省的产业结构和社会发展结构,加快学科建设速度,优化学科结构和布局。其深层次原因在于山东省的高等教育结构尤其是省属高校的学科结构不够合理,特色不够鲜明,高水平大学和学科人才缺乏,人才培养不能完全适应经济社会发展的需要,服务经济社会发展的水平不高,同时也存在优势学科覆盖面不均衡、世界一流学科较少等不足。

二、资金投入比较

从表5-4、表5-5、表5-6可以看出,山东省在公共财政教育经费投入和增长数量上并不少于其他省份,为"双一流"建设建立了相应的激励和资金使用制度,但建设效果尚未显现。从高校生均经费看,2016—2018年全国普通高等学校生均公共财政预算公用经费平均为9373.649元,而山东省仅为3618.13元,远低于广东省(10642.29元),在全国排名第32位,处于下游水平。由此可见,山东省对高校财政的投入还需要进一步加强。

表5-4　2018年六省份公共财政教育经费增长情况

省份	公共财政教育经费/亿元	公共财政教育经费占公共财政支出比例/%	公共财政教育经费本年比上年增长幅度/%	财政经常性收入本年比上年增长幅度/%	公共财政教育经费与财政经常性收入比上年增长幅度/%
山东省	2001.21	19.81	5.95	4.40	1.55
江苏省	2040.47	17.50	3.09	7.30	−4.21

① 吴小玮. 省域"双一流"建设政策文本的内容分析[J]. 中国高教研究,2017(8):56-60.

（续表）

省份	公共财政教育经费/亿元	公共财政教育经费占公共财政支出比例/%	公共财政教育经费本年比上年增长幅度/%	财政经常性收入本年比上年增长幅度/%	公共财政教育经费与财政经常性收入比上年增长幅度/%
四川省	1470.00	15.14	5.21	5.04	0.17
陕西省	855.68	16.14	5.11	14.51	−9.40
广东省	2805.31	17.83	11.21	8.57	2.64
浙江省	1567.41	18.16	10.92	12.37	−1.45

表 5-5　2018 年公共财政生均教育经费增长情况（高等学校）

省份	2017 年/元	2018 年/元	增长率/%
山东省	3536.26	3618.13	2.32
江苏省	8420.73	8662.96	2.88
四川省	5069.07	5281.80	4.20
陕西省	6519.85	7584.50	16.33
广东省	10254.16	10642.29	3.79
浙江省	9297.02	8423.11	−9.40

表 5-6　"十三五"期间六省份"双一流"建设资金投入对比

省份	资金投入情况
山东省	"十三五"期间，省财政加大投入力度，加强资金统筹，多渠道筹集 50 亿元，积极支持"双一流"建设。强化绩效激励，实行滚动建设和退出相结合的管理机制，根据考核结果、资金使用效益，动态调整支持力度
江苏省	"十三五"期间，将投 85 亿元建设"双一流"高校。对进入全国百强的省属高校，省财政自 2017 年起统筹新增教育经费，加大投入，根据绩效评价结果，每年每校给予 1 亿元左右资金支持。注重精准多元投入。采取精准式"滴灌"，加大投资于人的力度，提高经费使用效益

（续表）

省份	资金投入情况
四川省	2017年，省财政下达"双一流"建设资金2亿元，在2016年基础上增加了1亿元，但仍需要加大投入力度。逐步强化资金分配的政策导向和绩效导向
陕西省	省政府给予专项资金支持，对经过评估列入"四个一流"建设计划的高校，分级分类给予奖励支持。对进入国家世界一流大学、一流学科建设序列的高校和学科，按中央财政支持标准实行1∶1配套
广东省	2015—2017年，省财政安排"高水平大学建设专项资金"共50亿元，支持重点建设高校5所左右，重点建设项目15项左右。专项资金的使用方式包括直接补助、财政奖励、风险补偿、设立政府引导基金、贷款贴息等
浙江省	省财政为加快高等教育内涵发展，提升高等教育水平，推动高校"双一流"建设，整合省政府奖学金、省重点高校建设、省重点高职暨优势高职院校建设、省一流学科建设、新型高校运行保障机制补助、国家"双一流"建设省配套补助等项目，设立浙江省高校"双一流"建设专项资金

三、人才引进政策比较

发挥高校对人才的虹吸效应，吸引海内外高层次创新创业人才聚集，一方面要靠教育投入，另一方面要靠灵活的体制机制。各省分别制定了培养、引进高层次人才的具体措施。从表5-7可以看出，山东省在人才引进和使用的政策规定方面不如江苏省和广东省明确、细致，广东省和江苏省明确提出了人才建设的目标及人才引进方式。

在一个国家和地区，高校是最主要的人才聚集处。院士、"长江学者""千人计划"等各种人才的主流阵地就在高校，因此高校的高度往往就决定了一个国家和地区的发展高度。发挥高校对人才的虹吸效应、洼地效应，吸引海内外高层次创新创业人才聚集，除了教育投入外，还要搞活高等学校的人才体制机制。习近平总书记强调要树立强烈的人才意识，寻觅人才求贤若渴，发现人才如获至宝，举荐人才不拘一格，使用人才各尽其能。① 山东要建设人力资源强省、科技强省，必须实行更加积极、灵活、开放的人才政策。

---

① 人民网. 习近平人才观的核心：聚天下英才而用之［EB/OL］. http://sd.people.com.cn/n2/2017/0922/c166192-30763604.html.

表 5-7　六省份人才引进政策对比

省份	人才引进政策
山东省	加大立项建设学科在人才引进、资源配置等方面的自主权,激发学科发展的内生动力。 鼓励、引导高校主动参与国际认证,引进高层次人才和优质教育资源,提升合作层次,深化合作内容,在开放中提升竞争能力
江苏省	采取柔性引进、项目引进、专项资助引进等方式,深化人才引聘、职称评定、绩效评价、薪酬分配、创新创业等体制机制改革,优化、完善中青年学术骨干成长和学科梯队发展的制度环境。 按照"高端引进、全职聘任、创新机制、营造环境"的思路,持续实施江苏特聘教授计划。重点选聘在本领域国际学术界具有较大影响的海内外人才,加快带动领军人才队伍和学术创新团队建设,努力构筑高校人才高地。到 2020 年,选聘 600 名左右特聘教授
四川省	组建学校人才发展战略咨询委员会,实施积极主动的海内外高端人才招聘战略,建立全球高端人才和优秀中青年人才信息库及跟踪机制。在培养、使用好学校各类人才的基础上,瞄准学科发展急需的高端人才,优先支持、重点引进
陕西省	大力实施人才强校战略,积极推进系列高层次人才引进和培育计划,努力在高校汇聚一批学科专业领军人才。 优化中青年教师成长发展、脱颖而出的制度环境,鼓励教师参与实践教学,支持教师参与企业管理、技术研发、人员培训,努力建设"双师型"教师队伍
广东省	注重本土人才培养,加大人才引进力度,到 2017 年,培养和引进 30 名以上活跃在国内外学术前沿和国家重大战略需求领域的一流科学家、学科领军人才和 10 个以上的创新团队。 大力加强对青年骨干教师的培养,优化教师队伍的学历结构、学缘结构、职称结构,提高具有博士学位和境外工作学习经历的教师比例,建设高水平师资队伍
浙江省	加大领军人才和高层次骨干人才的培养与引进。实施"高校名师培养计划"。以培养中青年骨干教师为重点,以造就学科团队领军人才为核心,结合一流学科和优势特色专业建设,多形式、多途径培养中青年学科带头人和高职院校专业带头人。根据学校发展定位和学科专业发展战略规划,大力引进国家"千人计划""万人计划""省海外高层次人才引进计划""高校海外精英集聚计划"人才和"钱江学者"特聘教授

　　由于各省高等教育发展和科研机构的布局不均、各地的经济发展水平差距较大等因素影响,我国各省份高层次人才分布非常不均衡,东部发达地区高端人才数量远远领先中西部地区成为不争的事实。[①] 而山东省作为东部省份,高层次人才数量远远落后于江苏省、浙江省和广东省,也不及处于西部地区的陕西省和四川省(表5-8)。

表 5-8　2013—2017 年六省份六类高层次人才入选数量　　(单位:人次)

省份	中国科学院院士	中国工程院院士	"长江学者"奖励计划	国家杰出青年科学基金	"千人计划"	国家优秀青年科学基金	总计
山东省	2	4	11	24	40	46	127
江苏省	6	6	69	79	228	194	582
四川省	2	1	38	23	109	51	224
陕西省	3	2	54	30	83	71	243
广东省	1	6	30	48	221	113	419
浙江省	4	3	26	40	159	109	341

　　2003 年以来,山东省实行了"泰山学者"等系列人才工程,延揽了一批学术精英,带出了一批高水平学术团队,建设了一批强势学科,造就了一批领军人才。[②] 但在此过程中,一系列体制机制问题也暴露出来。如长期以来对高等学校、科研机构和公立医院等事业单位的用人编制控制过严,对高级职称人员比例管控过紧。山东省对博士学位授权单位高级职称人员的比例控制在 50% 以下,其中正高级职称人员控制在 14% 以下。而江苏、广东等省份对于此类高校的高级职称比例一般控制在 60% 左右,正高级职称人员则占将近 20%;对国家一流大学建设高校的比例控制更加宽松,高级职称人员比例往往达到 70% 左右。山东较低的高级职称人员比例,形成了事实上的"职称壁垒",限制了高校引进"长江学者"等高层次人才。

四、教育指数比较

　　"中国教育指数"系列是新型教育智库长江教育研究院的研究成果,力求通

---

① 李潇潇. 社会学视角下的高校大学生"公考热"现象探究[D]. 南京:中共江苏省委党校硕士学位论文,2017.
② 李华. 深化实施科教兴鲁战略的对策研究[D]. 青岛:中国石油大学(华东)硕士学位论文,2005.

过指数化研究反映国家教育治理和教育改革的现代化进程,为进一步完善教育治理体系、提升教育治理能力提供标准化评价支持。[①] 在前两年报告的基础上,《中国教育指数(2017 年版)》创造性地研制出教育"绿色指数"与教育"法治度",力求全面反映国家和地方教育生态及其发展的健康水平、法治水平和科学持续性。[②]《中国教育指数(2019 年版)》较为全面地反映了全国及各省(自治区、直辖市)2018 年(部分指标为 2017 年)在规模、投入、质量、信息、公平、贡献、创新、创业、创造、健康、生态、法治 12 个维度的基本情况。根据《中国教育指数(2019 年版)》,"综合指数"的全国平均值是5.62,相较《中国教育指数(2017 年版)》的5.62 处于变革企稳的状态。2017 年、2019 年"综合指数"处于 6.00~7.00 较高档位的有广东省、浙江省、山东省和湖北省(表 5-9)。

表 5-9　2017、2019 年版六省份中国教育指数比较

省份	发展指数(2017 版)	发展指数(2019 版)	创新指数(2017 版)	创新指数(2019 版)	绿色指数(2017 版)	绿色指数(2019 版)	综合指数(2017 版)	综合指数(2019 版)
山东省	6.06	6.16	3.88	4.26	8.67	8.68	6.09	6.23
江苏省	6.94	7.02	6.40	6.41	9.33	9.35	7.33	7.36
四川省	5.85	5.82	3.50	3.87	8.51	5.53	5.85	5.92
陕西省	5.94	5.93	4.64	3.84	8.31	8.42	6.13	5.96
广东省	6.60	6.69	4.55	4.43	9.29	9.33	6.68	6.70
浙江省	5.92	5.92	5.06	4.93	9.08	9.18	6.39	6.37

《中国教育指数(2017 年版)》中的"发展指数",提升幅度较为明显的顺次有河北省、云南省以及湖南省。经分析可知,这些地区教育进步的原因主要有教育信息化、生均教育投入增长和教育均衡发展政策。相较于 2017 年,《中国教育指数(2019 年版)》中的"创新指数"提升显著。从地区分析来看,提升显著的顺次有重庆、福建和山东。《中国教育指数(2019 年版)》中的"绿色指数"测算结果显示,目前,中国教育综合(自然和社会系统)生态较为健康的地区主要有北京市、上海市、江苏省、广东省、浙江省、天津市、湖北省和重庆市。

根据《中国教育指数(2019 年版)》的计算结果和对比分析,国家和各省(自治区、直辖市)需要进一步实施"中国教育现代化 2035""教育强国"等战略,进一

① 水桂秀. 高考语文语病类试题改革研究[D]. 长沙:湖南大学硕士学位论文,2018.
② 鄢志勇,解丽娟. 第十届"北京·长江教育论坛"在京举行[J]. 湖北教育·综合资讯,2017(3):12-14.

步落实法治教育信息化,着力促进(人均)教育投资的均等化,加强中西部地区教育资源(教师、平台、生产、教育和研究)的分配。在此基础上,应进一步提倡教育的绿色发展、教育的开放发展和教育的协调发展,进一步深化改革教育制度,提升综合治理能力。

五、科研成果比较

与北京、上海、江苏等省市对比,山东省高校一流科研成果数量少且影响力低,被引论文在比例、数量方面存在较大差距。从科研生产力看,1998—2014 年在 Cell, Nature 和 Science 国际三大顶尖学术刊物发表的论文中,山东省共有 5 所高校以第一作者单位发表过 9 篇学术论文,与其他省发表的论文数相比并无优势。从科研影响看,2015—2016 年全高校科研影响前 10 强中,山东省无一高校入围;2015 年论文被引用次数最多的 10 个省市,山东省位列第 8 位,论文被引用 80242 次,比位居首位的北京市少 254888 次。从科技成果转化看,2017 年山东省共有 16 所高校拥有转让成果收入,合计约 6.8 亿元。其中,在全国高校排名中山东大学名列第 15、山东农业大学名列第 36、泰山学院名列第 86 位。2018 年度山东省科学技术奖项中,高校作为第一完成单位,共有 74 项成果获奖,比 2017 年度增加 12 项,增长率为 19.4%,另外还有 30 项成果作为参与单位获奖。山东高校科技成果转化相对落后,科技进步对经济增长的贡献率不高,与山东作为高等教育大省和"双一流"建设的战略目标不相协调。

国家"三大奖"(自然科学奖、技术发明奖和科学技术进步奖)一直被看作高校学科和科研实力的象征,也是"双一流"评选的重要依据。通过与其他五个省份的比较,山东省高校在"三大奖"的获奖数量上存在较大差距,在一定程度上也映射了山东省高校在学科建设和学科布局上存在一定的缺陷(表 5-10)。

表 5-10　2018 年六省高校获国家"三大奖"数量比较

省份	"三大奖"数量/项	省份	"三大奖"数量/项
山东省	13	江苏省	37
四川省	14	陕西省	20
广东省	8	浙江省	16

"三大奖"数量的差距,可以反映出山东省高校在科技创新能力方面与其他省相比存在着一定的差距,同时也反映出山东省在高端人才引进和学科建设方

面存在着一定差距。2018 年，山东省高校共获得国家科技奖励 7 项，占全省获奖总数的 58.3%，充分体现了高校在山东省科学研究中的主力军作用。因此，抓住了高等学校，就抓住了"创新"这一山东新旧动能转换的"牛鼻子"。

六、国际化办学水平比较

与兄弟省份相比，山东省高校的国际化政策受益面较小，大多集中在公派学生、教师出国访问、中外合作办学等方面，教育理念与国际接轨、专业设置改革、课程国际化、国外先进教学模式的引入等方面有待进一步发展，中外合作办学专业主要集中在管理学、经济学等学科门类以及计算机专业等个别工科，服务于山东省高新技术产业发展的相关专业则较少涉及。[①] 在西南交通大学国际化评价研究中心发布的 2019 年中国大学国际化水平排行榜 100 强中，山东省仅有山东大学、中国石油大学（华东）、中国海洋大学三所高校入围，但排名靠后，竞争力较差。从高校教师对外交流的角度来看，山东省高校教师对外交流水平不高，多为普通访问，深层次的联合科研少之又少。从外国留学生数量来看，2018 年来华留学生中，来山东的仅有 19078 人，留学生偏少，留学生国别也较单一，类型主要为语言生，优质生源数量较少（表 5-11）。

表 5-11　2018 年六省份高校留学生数量

省份	数量/人
山东省	19078
江苏省	45778
四川省	13990
陕西省	12919
广东省	22034
浙江省	38190

---

① 杨岭，毕宪顺. 山东省高教强省建设:问题与对策[J]. 当代教育科学,2016(23):58-64.

第六章

山东省地方高校发展战略的优化对策

　　地方高校的办学水平和办学质量是衡量省域综合发展实力特别是核心竞争力、人力资本竞争力以及科技创新竞争力的重要指标。自国家推出"双一流"建设重大战略决策后,包括山东省在内的 20 多个省份出台了各自的"双一流"建设规划以及提振省属地方高校发展水平的一系列相关政策,通过加大经费投入、优化布局结构、科技创新"放管服"、强化人才高地建设等举措,为地方高校发展注入强大动力。当前,面对国家"双一流"建设带来的新机遇和新挑战,随着高教强省战略日益成为共识性行动,省域间的地方高校发展竞争日趋激烈,山东省所面临的地方高校数量多但质量不高、规模大但优质教育资源缺乏、区域布局东强西弱、办学经费相对不足、高水平师资队伍力量薄弱、学科建设优势特色不明显以及服务新旧动能转换能力不足等问题进一步凸显出来。在此背景下,优化山东省地方高校发展战略,加快推进地方高校内涵式高质量发展,由此带动山东省高等教育的质量提升、内涵发展和结构优化,具有重要的历史和现实意义。在前文对地方高校发展战略理论、山东省地方高校发展现状及困境、山东省地方高校发展战略要素进行深入研究,并在对国内外地方高校发展战略成功案例进行透视的基础上,本章重点探讨山东省地方高校发展战略的优化对策。

第一节　山东省地方高校发展战略原则

　　思路决定出路,战略决定未来。地方高校发展战略的确定是一项复杂的系统工程,必须立足于办学理念的更新、战略定位的重塑、政策驱动的改革、发展模式的创新、学科结构的调整等多层面、多要素的联动,持续推动地方高校走特色办学之路、互动发展之路、开放发展之路,实现内涵发展、特色发展、协同发展以及创新发展。

一、坚持地方性和服务性相统一的原则

国家或地区的科学合理的大学群落，必然是多样的、多层次的有机统一体，只有当各种类型的大学都能树立正确的办学定位，坚守科学的办学理念，形成分工合理、特色各异、优势突出的大学个体与共同体，竞争有序、活力迸发、协调发展的高等教育系统才能形成。融入地方、服务地方、引领地方，既是地方生存之本、发展之基，也是教育规律之诉求。地方高校必须深刻认识自身在整个高等教育系统中的属性与功能以及在推动国家战略和区域经济社会发展中的地位与作用，树立地方性的战略发展方向，坚守服务地方的价值使命，因地制宜，探索多样化的发展路径，在推动地方发展中积累和获取办学资源，厚植自身发展动能和优势。地方高校应该像当年的威斯康星大学那样，"把整个州交给大学""大学对本州人民的作用就如同人的头脑对人的手、脚和眼的作用"一样[1]，密切结合地方经济社会特别是产业发展需求，科学确定自身学科专业建设和人才培养规格，致力成为地方的创新驱动中心；紧密结合区域经济、科技、政治、文化发展需求，攻关经济社会发展中的紧迫课题，建构服务新旧动能转换、推广新兴科技、改造传统技术的"动力站"；成为引领、传播地方文化和先进思想的"瞭望台"；成为区域的文化传播中心、知识创造中心；成为面向全民的文化教育、精神传承和道德教化场所。

二、坚持应用型和大众化相统一的原则

在高等教育由大众化阶段迅速迈入普及化的发展阶段，相对研究高深学问的精英教育而言，地方高校要确立应用型和大众化的发展战略，树立应用型人才观和多样化的质量观，坚持突出实践应用和市场导向的办学定位，坚持人才培养以宽、厚、能的应用型、创新型、复合型为主，坚持学科科研创新以贴近地方发展需要的应用研究和技术研发为主。一方面，地方高校必须直面经济社会和企业研发亟须突破的现实问题，将主要精力和主导方向聚焦于应用领域的科学研究，更加注重培养能为区域经济社会发展服务的优势学科和拔尖创新人才，更加注重"将论文写在祖国大地上"，将基础研究成果与现实深度融合与对接，提高自身对动能转换、产业升级、社会进步的贡献力，不断增强对区域经济社会

---

[1]　王英杰. 美国高等教育的发展与改革[M]. 北京：人民教育出版社，2002：12.

发展的创新驱动力。另一方面，与主要致力于培养精英人才不同，地方高校作为高等教育大众化、普及化的生力军，必须转变传统的大学观和质量观①，要更加突出人才培养的中心地位，积极构建与地方高校人才培养层次、人才培养目标、人才培养类型相匹配的人才标准和质量标准，构建理论基础、专业知识和综合能力三位一体的教学教育体系，注重知识传授、能力提升与素质拓展的有机统一，着力培养德、智、体、美、劳全面发展的创新型、应用型、复合型优秀人才。

三、坚持质量和特色相统一的原则

质量、特色与规模、数量相对应，其本质是通过资源的汇聚和集中，实现高峰凸显或异军突起。当前，对我国教育发展阶段有一种形象的描述："四梁八柱"已牢固建立，开始"全面施工，内部装修"。以规模扩张、学科齐全为目标的传统发展思路已经不适应当下高校内涵式发展的要求，从规模扩张转为质量提升和结构调整，从追求"大而全"转为强化特色与个性、做强、做精，是地方高校实现高质量内涵式发展的必由之路。放眼世界各地高校，但凡一流大学、高水平院校，都拥有一个或几个一流特色学科，都在某一领域形成了自身的独特优势，而学科齐全和规模见长并不是造就一流的必要条件。可见，特色是实现比较优势和错位竞争的核心所在，是以小胜大、以弱胜强、出奇制胜的突破口和切入点。目前，高校间的竞争进入了战略层面，地方高校要在激烈的竞争中脱颖而出并保持竞争优势，必须在战略上确立特色发展、差异发展、错位发展的竞争策略。正如加州大学伯克利分校原校长田长霖所说，"办大学一定要有重点，哪几个学科要重点发展，不行的要慢慢淘汰掉，要把主要的精力资金集中在几个最重点"。地方高校必须从"大一统"办学思维中走出来，切实摒弃"高、大、全"办学模式，谨防规模扩张、放任自流、模仿"克隆"、盲目攀高等不良办学倾向。要通过科学细致的 SWOT 分析，实事求是地审视自身办学历程中积淀的传统与优势，把握学校特定的内外环境，集中优势资源，在最具发展潜力、最具长远效益、最能体现办学优势的学科方向发力，或巩固传统品牌优势，或形成学科专业鲜明特色，或彰显科技创新和产业化水平，力求重点突围，形成独树一帜的学科专业特色、办学功能特色或育人特色，并以重点带一般，以优势形成辐射力，整体提升学校的办学水平和核心竞争力。

① 和飞. 高等教育中"学"与"术"的关系——兼论大学办学理念的分野[N]. 光明日报, 2007-12-05(11).

四、坚持改革和创新相统一的原则

在创新中加快现代大学制度体系建设，以改革提升学校治理的制度化、规范化、科学化水平，是新时代推进地方高校高质量内涵式发展的内在需求。地方高校必须始终坚持问题导向，坚持顶层设计与基层探索相结合，以创新思维推进大学治理，从行政驱动为主转换为学术驱动为主，从学校驱动为主转换为学院与平台驱动为主，从整体推动为主转换为关键突破为主，从节流为主转换为开源为主，以理念和机制上的"新旧动能转换"，推动内涵发展上的突破提升，服务区域经济社会发展的新旧动能转换。①要完善制度。"小智治事，中智治人，大智立法。"地方高校必须突破惯性思维，做好现有制度的"废改立"工作，健全和完善以大学章程为核心的现代大学制度体系，强化制度执行。②要全面深化改革。聚焦重点领域，选准突破口，抓住关键点，紧密对接新形势、新政策，深化推进人才培养模式、人才评价和激励、科研创新"放管服"、资源配置与共享机制等关键领域和关键环节的体制机制改革，推进制度创新、流程再造，克服高质量发展需要面对的挑战、需要化解的风险、需要补齐的短板，提高效能、激发活力、增强动能。③要优化内部治理。大学的生命力源于个人的创造力和能动性，地方高校要按照"校院共理、师生共治、权责匹配、充满活力"的治理理念，着力完善内部治理结构，深化院为主体的校院两级管理体制改革，创新高校内部管理组织架构、基层学术组织和基层教学组织建设；本着转变职能、理顺关系、优化结构、提高效能的原则，调整优化机构设置，科学划分职能部门设置及职能定位，推动管理流程合理再造，厘定不同管理层级的权限和责任，建立健全事中监督和事后评估制度，持续提高管理、服务、支撑水平，建立人本化、系统化、高效率、有质量的治理新模式。

五、坚持开放和协同相统一的原则

知识无国界，高校的教育教学和科研创新没有"围墙"。日益走近经济社会舞台中央的地方高校，应把学校发展融入全球、全国、全省发展的大格局中，外联海外，建立国际合作平台，引进海外专家；内联地方，建设校地校企发展共同体，努力做到开放、合作、共赢发展。①要注重开拓国际资源。加强国际交流合作，建立高水平联合实验室或国际合作研究中心，共享研究资源，共赢研究成果；建立健全海内外领军人才的引进和培养机制，发挥顶尖人才的作用，形成聚集各类研发创新精英人才高地，全面提升学校核心竞争力和国际影响力。②要注重拓展社会资源。强化校地合作发展共同体意识,拓展开放办学格局,以大服务促进大发展,以大服务赢得大资源,在深入实施服务区域行动计划中发挥学科优势、提升学科水平、融汇社会资源。当前,山东省地方高校要紧紧抓住山东省实施新旧动能转化重大战略的历史机遇,选准突破方向,实施项目对接,集结力量,重点突破,坚持"三个面向",突出"三个融入":面向大行业,在促进行业结构调整和技术升级中赢得支持;面向大企业,在解决企业生产的技术难题中寻求研究课题;面向大事业,在推进经济社会发展和服务社会的过程中实现自身的价值;融入国家发展战略,促使学校在服务国家层面上占据一席之地;融入区域经济建设,促使高校在服务区域经济社会发展方面发挥重要作用;融入行业科技进步,促使高校在服务行业领域承担应尽的责任。③要注重汇聚校友资源。更广泛地发动和组织各界校友积极参与母校创建一流学科的过程中来,为吸引更多的一流师资、产出更高层次的科研成果、培养更具广阔视野的学生、提供更优质的社会服务做出校友的贡献。④要注重集纳学术资源。广泛联系和凝聚国内外的学术资源和研究力量,积极搭建学术交流平台,开展形式多样的跨学科、跨院校、跨文化和跨国界的学术交流与合作,不断拓展、深化学科研究的新领域和新课题,紧密围绕前沿问题进行知识创新、理论创新、科技创新和学科体系创新,抓好学科创新能力的培育。

第二节　山东省地方高校发展战略实施

　　当前,随着国际国内形势的发展,高等教育内外部环境发生了深刻的变化。从国家战略来看,无论是科教兴国战略、人力资源强国战略,还是创新型国家战略、文化强国战略,都对地方高校的功能定位、社会作用与长足发展赋予了新的内涵与使命。从经济与科技发展的角度来看,在经济建设新常态下,我国经济结构深化调整和产业发展转型升级,新旧动能转换提速,新一轮科技革命与产业革命相互交织,互联网、云计算、人工智能等信息技术迅猛发展,网络社会的到来等,对高等学校的学科专业调整、人才培养规格、教育教学变革都形成了一种倒逼式的改革需求。世界范围内高等教育的全球化浪潮为我国高等教育的跨越式发展提供了一次弥足珍贵的机遇。也正是在这一背景下,我国高等教育综合改革步伐进一步加快。特别是从国家"双一流"建设到"双万"计划,从"新时代高教 40 条""六卓越一拔尖计划 2.0"到山东高教"高质量发展 20 条"再到

2020 年山东省高等教育"重点大学建设计划"与"高水平学科建设计划",明确通过分类考核、调整拨款,引导各高校开展"筑高峰、冲一流、强特色"行动,这些都为山东省地方高校发展提供了新的机遇和挑战,都需要地方高校明确办学定位和发展战略,坚定不移地推进"双一流"背景下的地方高校高质量内涵式发展。

新时代,在新一轮省域高水平大学建设热潮中,山东省高等教育如何在激烈的竞争中占据有利形势? 在"双一流"建设大背景下,山东省地方高校如何赢得主动,实现从大到强的转变? 在山东省新旧动能转换重大战略实施进程中,如何更好地发挥地方高校的科技支撑和人才支撑作用? 这三大问题,归结为一点,就是要把提高质量、推进内涵式发展作为核心任务,全面系统地加强山东省高等教育发展的顶层设计,强化资源、政策驱动下的高校自主发展,实现政府、社会和高校的共轭耦合,共同优化山东省一流高教体系,推动山东省地方高校战略发展。

一、政府统筹:优化山东省地方高校发展战略政策供给

近年来,全国多个省市纷纷出台专项支持政策,掀起了新一轮省域高水平大学建设热潮,形成了北京市平台建设模式、上海市学科建设模式、广东省"扶优扶强与补齐短板"并重建设模式、江苏省"4+1"建设模式等具有代表性的推进策略。山东省也正式启动了高水平大学和高水平学科建设计划,提出按照"筑高峰""冲一流""强特色"三种类型,重点建设一批高水平大学;按高峰学科和优势特色学科两类,遴选建设一批高水平学科。在此过程中,应突破传统的"工程""项目"式建设思路,进一步创新顶层政策制度设计,不断优化山东省的高等教育体系,加快提升山东省地方高校整体办学质量和竞争优势,推动山东省地方高校高质量发展与山东省经济社会高质量发展深度融合。

(一)进一步优化山东省高水平大学建设理念

第一,追求平等基础上的多样性和多元化,更加关注整个高教系统的统筹规划和顶层设计,推动不同类别、不同层次、不同发展阶段的高校走差别化的一流建设之路,实现新时代高等教育多样化办学和内涵式发展。第二,追求合作基础上的共同卓越,更加关注基本质量品格的互通性,关注整体层面上山东省高校内在协调的可能性,重视省内人才、学科、平台、项目间的协同合作,实现从"赢者通吃"到共同卓越。第三,追求内在的高质量和高品质,形成一种良性的质量文化、评价文化和竞争文化,更加关注发展性指标,注重内涵性指标,着力提升办学的境界,更加关注学生学业的优秀率、教师的专业发展和学校制度建设等内在的卓越,而非简单地追求在排名竞争中"晋位争先"。第四,追求均衡的具有可持续发展活力的制度,避免产生非均衡性重点支持战略带来的不同地方高校之间的"马太效应"。一流高教体系应是高校在不同发展阶段,持续受到外在和内在制度创新的激励,各领域和要素动力十足,形成充满活力、动态发展、开放拓展的"活体系",呈现高原崛起、高峰凸显、高原之上建高峰的地方高校可持续发展生态。

(二)进一步优化山东省地方高校分类管理体系

统筹高水平大学和高水平学科建设,结合区域经济社会对人才的需求、产业发展需要等因素,进一步引导高校科学定位、突出特色、错位发展。一是分类管理要注重政府引导、高校自主和社会参与相结合。政府要发挥好政策导向和资源配置的作用,创建科学有序的竞争环境。高校以学校规划和章程为导向,聚焦自身优势,凝练特色,形成适合自身的发展模式和道路。二是分类管理旨在培育"同类竞争、多元发展"的高校生态,引导高校科学定位,突出办学特色。分类管理并不是抵制竞争,而是减少不必要的重复建设,推动不同类型高校的差异化发展;依然鼓励同一类型的高校相互竞争,从而创建"同类竞争、多元发展"的高校良性发展生态系统。三是分类管理需要进行系统的配套改革。以往高校向学术型、综合性发展,关键是拟从政府获得更多的资源。在实行分类管理的同时,要在招生、学科规划、人才培养、师资评聘、拨款制度等方面进行配套改革,推动不同类型高校差异化发展、高水平发展。

(三)进一步优化高校学科结构

要积极引导地方高校坚持服务国家重大战略和山东"八大发展战略"需求,聚焦"十强"现代优势产业集群发展和新旧动能转换重大工程,进一步深化学科结构改革,优先发展高端装备制造、高端化工、信息产业、能源原材料、海洋经济、现代农业、医养健康等学科专业,积极设置面向地方支柱产业、服务业的应用型学科专业。区域经济社会发展对各专业人才的需求是动态调整的过程,政府有关部门应从更高层面实行高校专业结构布局的动态管理,主动适应并适度超前、积极引领产业发展。这就需要政府特别是高等教育主管部门,从对高校具体办学行为的管理,转移到对高校高质量发展的服务与监督,特别是对高等教育人才培养和学科专业发展的顶层设计上来,加强人才需求的信息引导与市场反馈,科学预测一定时期内市场的人才需求"热门",规划调整相关学科专业招生计划,实现地方高校人才培养和区域经济社会发展的良性互动。

(四)进一步优化政府、高校、市场多元主体合作和政产学研用协同创新

与经济领域改革不同步的是我国高等教育改革受计划经济的惯性思维支配还很严重,高等学校"等、靠、要"的思想和做法还没有得到彻底改变。为此,一是要科学理性地引入市场运营机制,打破"存量决定增量"的评价与分配方式,推动高等教育基础性资源配置在基本公平的前提下,在一流学科专业建设、重大项目立项、学位点布局等领域,更多地引进市场竞争,赋予更多的高校办特色、出亮点的权责和动力。二是政府要为地方高校投入更多的经费,解除更多的政策束缚。政府应将精力放在协调地方高校与经济社会以及其他各级教育的关系上,聚焦高等教育发展战略规划和质量标准的制定与实施,聚焦统筹协调社会各方共同推动高等教育高质量内涵式发展,聚焦不断加大对地方高校的经费和政策支持,引导地方高校积极自主地将争取外部资源的支撑与自身发展战略相结合,将政府绩效考核和自身管理效能相结合,充分发挥自身特色和优势,不断提升质量水平和发展境界。三是建立灵活高效的体质机制,引导地方高校结合国家、省重大战略和区域产业发展需求,发挥人才智力和学科科研优势,大力推动学科科研创新与国家、省、市创新发展的深度融合,加强科技成果转化和社会服务能力,着力推进政产学研用一体化和校地命运共同体建设。

二、高校自觉:深化综合改革,提升办学实力

(一)深化教育教学改革,彰显应用型高素质人才底色

人才培养是高等教育之本,教学是人才培养之本,地方高校要注重价值引导和知识传授的融合、思想理论和技能提升的融合,推动各类课程、资源同向同行,培育能够服务和引领区域经济社会发展的应用型、复合型人才,打造地方高校协同育人的新范型和新式样。

一是坚持德才兼备、全面发展。我们的大学是社会主义大学,根本任务是培养德、智、体、美、劳全面发展的社会主义建设者和接班人。这是大学的使命,也是政治任务。地方高校必须牢牢坚守立德树人的首位意识,以立德为基础,以树人为根本,以"五育并举"为核心,以社会需求为导向,对接新产业对专业人才的岗位需求和职业知识能力素质的调整,健全人才分类培养体系,优化完善人才培养方案,使我们的学生成长为有品位、有理想、有能力的高素质人才。

二是坚持内外联动、优化培养。突出地方经济社会发展需求导向,优化专业结构,积极推动专业认证,积极发展新兴专业,改造提升传统专业,布局引领和支撑新产业、新业态、新模式、新职业的战略新兴专业、交叉复合专业。树立质量意识,对接"六卓越一拔尖计划2.0",打造一流专业课程,推进新工科、新医科、新农科、新文科和新师范建设,强化卓越拔尖系列人才培养。对接一流专业和一流课程建设"双万"计划,以专业评估认证和教学成果奖培育为抓手,全面开展国家级、省级一流专业和一流课程建设,持续打造优质成果,加快构建"金专""金课"。突出信息载体的应用,推进"互联网+课堂""人工智能+教学"教学改革,分类建设智慧型、标准型、普通型教室,推动课堂由平面化、静态化向立体化、动态化转变。

三是坚持协同融合、统筹推进。创新全员育人的培养模式,坚持教师队伍、学生工作队伍和干部队伍"三支队伍"一起抓,推动通识教育、专业教育、交叉培养、思政教育深度融合。打造全链条创新创业教育体系,大力推进校企合作、产教融合,构建全过程、全覆盖、全链条创新创业教育,优化课程体系、训练体系、孵化体系、导师体系、基金项目体系五大体系,深化实践教育和卓越人才培养。强化学生就业与深造的全程指导,分类推进前瞻布局、前移指导、前置对接,做好后续追踪、后续关怀、后续支持。从创新学习内容、改进质量体系和优化资源配置等方面加大对本科教育的支持力度,积极打造一流应用型人才培养的"三全"生态。

(二)引育并举,激发活力,打造强有力的人才支撑队伍

人才是第一资源,名师是大学之幸,高素质人才队伍是地方高校高质量内涵发展式的命门,各高校必须进一步解放思想、优化环境,全面改革人才工作机制,让人才队伍大起来、活起来、强起来。

一是以新模式引育新人才。地方高校必须进一步增强危机意识和竞争意识,推进"跨越空间"引才模式、"柔性时间"工作模式、"深度情感"服务模式,全力加速高端人才引育。坚持"请进来"与"走出去"相结合,积极组织开展海内外现场招聘。打破院系和学科壁垒,人才引育重点聚焦优先团队、新兴方向和学术特区,实现引进人才与传统优势学科团队的有序"嫁接",促进传统学科"老树发新芽"。创新教师培养与发展机制,加大优秀青年人才培养力度,实施新秀培育工程、杰青培育工程、领军人才建设计划等人才工程,锁定本校重点学科领域中具有发展潜力的优秀学术骨干进行专项配套、重点支持,促使其研究领域和

学术水平向高精尖方向发展,努力培养和造就一批具有创新能力和发展潜力的学术领军人物。探索建立教师培训研修基地,健全培养跟踪评价制度,实施学科骨干培训、优秀青年教师海外研修等人才能力提升工程,形成有组织、按计划、分层次、有重点的培养模式,为人才发展保驾护航。

二是以制度创新激发人才创新。抓人才与抓学科相结合,强化一流学科和科研创新平台建设,以人才引领学科,以学科集聚人才,形成人才的集聚效应、头雁效应和倍增效应。实施人才分类考核评价,深化人事制度改革,创新人才工作理念,突破制约教师队伍发展的主要矛盾和瓶颈问题,探索构建有利于潜心教学、研究和创新的评价制度。完善岗位聘用薪酬制度。实施校内特岗制度,努力实现人尽其才、才尽其用、用得其所。实施教师岗位准聘与长聘制度,试行"非升即转、能上能下、能进能出"的动态管理机制。进一步完善绩效工资制度,坚持以岗定薪、优劳优酬,逐步建立科学合理的薪酬收入标准和福利体系,加大以业绩和贡献为导向的奖励力度,探索规范化的收入分配模式。

三是以新体系提升新效能。积极探索地方高校教师分类管理制度,将现有教师按教学为主型、教学科研并重型和科研为主型进行分类,实行分型评聘,为不同岗位的教师提供不同的职业发展平台和晋升渠道,建设一支规模适中、教学科研并重的教师队伍,一支规模合理、科研为主的专职科研队伍和一支潜心教学的高水平教学队伍,并在三支队伍之间形成通畅的流动机制,促进实现教师队伍的多轨道发展。深化在人才队伍建设领域的产学研合作,建立高校与地方、企业联合培养人才的新机制。进一步完善教师荣誉体系,建立健全具有针对性、实效性和可操作性的师德教育、考核以及奖惩、监督等制度,实施"师德一票否决制",积极营造以德从教、以德治学的良好氛围。

(三)强化学科特色优势,打造科研创新高地

学科建设永远是学校的龙头,代表学校办学质量和办学地位的高度,是形成办学特色、提高教学科研水平的关键。地方高校要按照整体规划、分层建设、重点突破、全面推进的思路,紧密结合国家重大需求、行业和区域发展需要,建立方向明确、目标一致、自我激励、自我赶超、自我约束、自我调整的学科发展内在机制,科学规划学科体系,明确建设重点,坚持有选择地追求卓越,坚持有所为、有所不为,有所先为、有所后为,有所多为、有所少为,优化学科专业结构,培育学科发展新优势,实现部分学科率先突破,达到国内一流水平。

一是在彰显优势、强化特色上下功夫。夯实深厚根基才能平地起高楼。要

坚持扶优扶强扶特,优先发展、分层建设,强化提升优势特色学科,重点扶持推进朝阳学科和交叉学科,形成一系列契合国家战略和区域经济发展需要的学科发展方向和学科生长点,构建一流学科、优势特色与重点学科、基础与新兴交叉学科协调发展的学科体系。特别是国家实施"双一流"建设和山东省实施新旧动能转换重大工程,为地方高校学科发展搭建了促发展、做贡献、谋支持的更大的舞台。地方高校必须认真查找学科建设中存在的问题与短板,调整不适应一流学科建设的结构性问题,紧紧围绕新旧动能转换重大工程的主攻方向和主要目标,聚焦山东省重点发展产业的前沿理论和技术问题,进一步打通创新链与产业链深度融合的关键节点,建立紧密服务"十强"产业的学科群落,凝聚学校新的学科特色,打造新的学科优势和增长点,在优化调整中实现学校持续发展、创新发展、率先发展。

二是组建高水平团队支撑学科发展。学科竞争的核心,是学术团队。一个学科要跻身一流,就必须拥有一流的学术团队。有关研究表明,一般情况下,学科排名在前10%,其人才队伍整体水平排名也在前10%;就区域大学而言,学校排名要进入前10%,其人才队伍整体水平排名必须在前7%。教育部第四轮学科评估指标体系共有四个一级指标,其中第一个一级指标就是师资队伍与资源。地方高校学科建设的最大短板在于缺乏高端人才。抓好学科队伍建设,首先要引进与培养学科带头人,特别是重点建设的学科要集聚一批具有深邃的学术眼光、深厚的学术功底和一流的学术造诣,治学严谨,敢于创新,胸怀宽广的学者。大力推行"带头人+团队"模式,营造良好的团队合作氛围。以团队、基地、项目、成果一体化建设思路,推进重点学科与重点人才、重点团队、重点平台基地、重大项目的融合,集中资源重点聚焦一批有基础、有平台、有成果、有人才的潜力学科和新兴方向,打造有组织的科研创新团队,营造人人争先的科研生态。不断完善科研大团队引导机制,加强以"首席专家(PI)"为核心的团队建设。

三是以管理创新推动学术创新。地方高校的高质量发展必须要有高水平的学科科研创新,这既是一所大学的"面子",更是一所大学的"里子"。地方高校必须进一步激发活力、释放潜能、加快步伐,推动优势资源汇聚,打造科研创新高原、高峰,引领学校整体水平提升。要聚焦打造大平台,承接大项目,培育大成果,做到目标上有组织、运行上有组织、保障上有组织,加快重大标志性成果的产出和技术成果的推广应用,不断提升学科核心竞争力。应跨学科、跨部门、跨学院、跨平台,整合统筹有效资源,凝练优势特色,协同攻关大项目、大课题,提升学科科研创新的厚度、高度和精度。深化科研管理模式改革。根据学术前沿和国家重大需求,建立重大学术问题的提出机制和研究计划的启动机制。积极对接国家中长期科技发展规划,建立"全面对接、全程跟踪"的大科研管理体系。优化学术考核评价体系。进一步完善学术评价机制,建立以创新质量和社会贡献为导向的学术评价体系。实施代表作评价、同行评价和分类评价,改变目前过分注重教师个体科研量化指标评价的模式,更加注重科研体系与团队科学贡献的评价。加强对学术期刊的规划和管理,积极创办高水平学术期刊。改进科研激励政策。逐步弱化一般科研成果奖励。致力于学术研究从资源激励向制度激励转变,从数量评价向质量评价转变,从教学支撑科研向科研反哺教学转变,从实验室科研向实践导向科研转变。建立重大创新科研成果奖励制度,奖励顶级论文、重大科研成果,激发师生的原始创新积极性。探索"学术特区"建设,通过扩大科研平台自主权、推进学术特区建设、深化科研管理模式改革、扩大独立运行科研平台自主权等举措,打破体制机制壁垒,给予研究所、实验室以最大的自主权,激发其主动性和积极性,以开放的思维来组织和开展学科的建设,最大化利用有限的资源,赋予学科建设新的内涵。

(四)主动服务,深度融合,锻造一流的服务社会的能力

地方高校要结合学科专业优势和特色,明确面向行业、对接产业、立足区域、服务山东的定位,强化校地合作发展共同体意识,主动服务国家和区域战略需求,面向科技前沿和经济社会主战场,高端对接、有效供给,系统提升学科平台集群的联动创新能力,更加主动、更加深入地参与新旧动能转换重大工程建设,推动实现科技链、产业链、工程链深度融合,真刀真枪破难题,力求形成深度融合、开放互动的生动局面。

一是定"根"在产业。当前,在加快推进新旧动能转换过程中,山东省提出了重点发展的"十强"产业,即推动新一代信息技术、高端装备、新能源新材料、智慧海洋、医养健康五个新兴产业快成长、上规模;推动绿色化工、现代高效农业、文化创意、精品旅游、现代金融五个传统产业提层次、强实力。山东省地方高校要紧紧围绕山东省"十强"产业集群,结合学科专业优势和特色,明确面向行业、对接产业、立足区域、服务山东的定位,高端对接、有效供给、精准发力,力求深度融合和开放互动。加强对校地合作的规划和统筹,开展与地方共建研究院、技术转移中心等深层次合作。与地方建立稳定的战略合作关系,使服务区域经济成为学校的特色和品牌。完善大学专家顾问团、博士服务团运行机制,进一步发挥其在政策研究、技术服务、管理咨询等方面的作用,建设一批支持地方发展的重要思想库和智囊团,培养一批技术专家和社会活动家。建立选派博士到政府机关、企事业单位挂职锻炼常态化运行机制,进一步畅通校地、校企沟通合作渠道。充分发挥学校理事会的作用,广泛吸引社会各界和师生、校友代表参与。

二要定"格"在特色。地方高校服务和对接"十强"产业集群,不可要求面面俱到,而要有所偏重,凸显特色。地方高校要根据自身历史积淀、办学基础、学科专业优势与资源禀赋等因素,积极整合资源,提升学校服务产业发展的贡献度和学校的竞争力、影响力。紧密围绕区域经济社会发展的新技术、新产业、新业态和新模式需要,根据产业结构的升级、调整和社会分工的逐渐细化以及新形势下供给侧结构性改革,优先增设山东"十强"产业发展紧缺的专业,建立与地方行业紧密对接的学科专业体系,坚持办好既有特色专业及专业方向,积极挖掘探索新的特色专业及方向,重点建设一批学术水平高、师资力量强、教学基础条件好、教学质量高、社会适应面广、具有地方特色和良好社会效益的特色专业和品牌专业,培养大批新兴工程科技人才,成为区域工程创新中心和人才高地,为区域产业发展提供智力和人才支撑。以点带面,按照国家本科专业质量标准调整人才培养方案,分阶段逐步优化学校的专业结构,促进所有本科专业内涵提升。

三要定"向"在开放。地方高校要主动对接国家、区域经济社会发展战略需求,围绕战略新兴产业的培育、传统产业的转型升级、科技企业的创新发展,建立多种形式的校地、校企对接平台,促进学科、科研与产业互动,打造校地合作新模式。其一,地方高校要进一步推进校企联合攻关,围绕战略新兴产业的培育、传统产业的转型升级、中小微科技企业的创新发展,建立多种形式的校地、校企对接平台,促进学科、科研与产业互动。以研究项目为载体,引导学科带头人组建团队开展重大理论与实践问题、关键技术领域和应用方向的科学研究,通过联合申报、集体攻关,提高教学科研层次,催生原创性、标志性成果,增强团队建设的核心竞争力。建立健全应用型学科与相关企业的沟通合作机制,引导校企联合共建研究平台,参与关键技术攻关,提供咨询服务和人才培养、培训服务。对参与校企联合研究平台的教师进行单独考核,抵免参加校企联合研究平台的学生部分学分,激励其潜心进行科学研究与技术开发。其二,地方高校要进一步提升科技创新转化率。组建专业工作团队,负责专利管理与评估、专利转让、与国内外企业对接等事务。探索制定发明创造的权利归属与职务奖酬实施办法,加大对科技成果完成人的奖励力度。鼓励师生利用技术专利在高校科技园组建公司,自行进行转化,成为学校创业基地的孵化公司,享受孵化公司的全部优惠政策。创新产学研合作模式,推进新兴产业技术开发和共性技术研发平台建设,建立产业技术创新战略联盟,构建多层次的校企合作体系,加强工程研究中心、大学科技园和地方研究院建设,提高服务区域经济社会发展的能力。其三,地方高校要进一步健全完善校友服务管理机制。构建完善校友联络长效机制,把校友工作贯穿学生培养全过程。充分发挥学校教育发展基金会、校友会等机构的功能,建立基金贡献配套奖励机制,积极构建校院两级相结合的多层次、多渠道社会融资体系。建立分片区、全覆盖的校友联络、服务和管理机制,搭建校友协同育人平台,聘请优秀校友企业家和社会知名人士担任兼职教授或研究人员,助力学校人才培养和科学研究。

(五)广拓国际合作空间,提升开放办学质量

对于办学资源相对短缺的地方高校而言,扩大开放尤为重要。地方高校要坚定不移地走开放办学之路,在理念上从"被动参与"转变为"主动融入",在内涵上从"迎来送往"转变为实质性合作,在规模上从"点的突破"转变为"面的拓展",在管理上从"应急式服务"转变为"规范化建设",把更高层次的对外合作转化为推动学校高质量发展的优质资源。

一要坚持以学术为先,着力扩大学术影响力。服务国家战略,建立全面战略型、核心伙伴型等校际、院际关系,构建多层次、多维度的国际合作新网络,将国际化的元素整合到学校的人才培养、科研创新和队伍建设等工作中去,充分利用国际资源推进学校在现有竞争格局中跨越发展,释放国际化蕴含的广阔的发展空间和众多新的增长点,实现高层次人才、科研资源的非常规式聚集,使国际化办学成为加快内涵发展的重要引擎。

二要坚持以学生为本,把国际合作与交流融入人才培养全过程。构建国际化育人机制与环境,遴选优势学科专业与国外高校开展多层面的学分互认、学位互授联授等学生交流项目。学习借鉴国外高水平大学的先进教育理念,引进海外优质教育资源。提高学生海外游学、访学的比例,大力开拓海外实习基地,促进学生双向流动,支持优秀学生赴国(境)外高水平大学学习深造,全力培养具有国际视野、通晓国际规则、能够参与国际竞争的高素质时代新人。打造多元文化环境,促进学生对多元文化的理解。

三要坚持以人才为纲,强化师资队伍的国际化引育工作。依托各级各类人

才计划,大力引进海外高层次拔尖人才和优秀团队。探索建立海外学院,向海外输送大学教育资源。资助中青年教师进行海外高级访问,尝试参与或在海外建立国际联合研究中心,打造国际化科研团队。

(六)创新大学文化,建设精神命运共同体

办大学的两项重要工作就是内造氛围、外塑形象。未来高校的竞争归根结底还是包括办学理念、办学氛围、大学精神等在内的文化之竞争。大学核心竞争力的独特性就在于其深厚的精神传统和文化积淀、鲜明的品牌特色和教育模式、浓郁的文化环境和育人氛围,这也正是大学文化力的核心内容和重心所在。地方高校要进一步凝练提升和传承创新大学文化、大学精神,持续提升大学物质、制度和精神文化品质,建设精神命运共同体,为学校高质量内涵式发展提供动力。

一是铸造地方高校独特的精神文化。地方高校不仅要着眼于学校文化的继承和弘扬,加强校风校训、大学精神与大学传统为精神内核的大学文化宣传教育,而且要着眼于学校文化的未来,加强物质文化、行为文化、制度文化、精神文化和环境文化的培育和建设,彰显新时代大学价值、大学精神和大学品格,将地方高校的办学道路、治校价值观、育人情怀和学术创新操守融会贯通,坚持讲好大学故事,传播大学声音,展示大学良好形象,激发活力,鼓舞干劲,铸造师生员工的精神命运共同体,不断增强大学的生命力、创造力、凝聚力和影响力。

二是建构地方高校面向未来的现代文化品格。新时代缔造新技术,新技术推动新教育,新教育成就新时代。当前,以互联网为代表的信息技术,正在深刻改变现代大学教育的教学过程与模式,推动教育范式进行根本性的变革。随着MOOC、微课、翻转课堂、泛在学习等新兴教学模式的涌现,信息化与教学方式不断融合赋予了教与学新的内涵。在此过程中,地方高校更要转变思想、创新模式,实现从工业时代的工具型思维向人工智能思维的转变,充分利用信息技术实现"弯道超车",不断加强数字化资源和平台建设,着力构建系统完善的教学信息化建设运行机制,从校、院、师、生等不同层面推进教学信息化,大力推行"课内课外、线上线下、校内校外、移动固定"互融互补的混合式教学,深入开展信息技术与课程教学深度融合的探索改革。其中,要强力推进教室智慧化建设,构造新型的教室布局与教学模式、强大的云端平台、课堂远程互动与集控管理,推动从技术应用到技术引领、从环境创新到教育教学全面改革的转变。

三是积极打造环境育人、文化育人体系。大学校园的魅力来源于绵长的文

脉,地方高校的校园环境建设要充分展示大学历史、大学风貌和大学精神,从文化的互动性、渗透性、传承性出发,将其构建成为传承大学血脉和文化软实力的第二课堂,不断延伸校园文化的育人深度,进一步发挥公共文化场馆在传递与凝结大学文化、呈现与塑造大学品位、促进和优化大学育人等方面的作用。要打造生态型大学校园环境,使师生在校园环境大课堂中感受文明的进步;变革图书馆、博物馆和展览馆等的服务理念和管理模式,使之与现代教育体系融为一体,集知识教育和文化传递于一体,致力于高水平的文化科技传播,成为开展参与式、探索式学习以及实践型教学的重要"文化场";大力推进餐厅沙龙化,致力于现代化、多元化、人性化的餐饮环境及多功能空间营造,为就餐、休息、学习等提供多功能为一体的活动中心,构建与大学文化相协调的行为文化;积极探索宿舍书院化,使学生公寓从简单的住宿场所转变为注重人文养成的精神社区,以润物无声的方式,把文化追求内化为行为自觉,为学生留下鲜明的大学文化烙印和厚重的大学精神底色。

(七)持续深化改革创新,推进治理体系与治理能力现代化

大学治理体系和治理能力,是中国特色现代大学制度及其执行能力的集中体现,是推进高校高质量内涵式发展的内在需求。地方高校要坚持问题导向、依法导向,系统推进流程再造、治理创新,以一流的治理、管理和服务水平,持续激发、释放发展活力,通过治理活动把制度优势更好地转化为治理效能。

一是健全现代大学制度体系。坚持和巩固党的全面领导机制,深入落实党委领导下的校长负责制,依托学术委员会的教授治学机制,依托教职工代表大会的民主管理机制、学生自我管理和全面发展的服务保障机制,形成学者自治自律、学生自立自强的制度环境。加快推进各领域规章制度的清理、修订和完善等规范化建设,建立以章程为统领、相互衔接、相互支撑的依法治校规章制度体系,完善对各类人员的基本规范,健全教学和科研的组织原则及质量保证制度,用制度管权、管事、管人。精准对接山东省本科高校分类考核要求,优化目标管理考核和办学绩效评估体系,突出增量考核,建立"明责—确责—履责—问责"管理体制。强化制度执行力,领导带头自觉遵守制度,严格执行制度,坚决维护制度。加强对制度执行情况的监督和问责追责,确保学校各项决策部署落地生根。

二是推进地方高校组织机构现代化。其一,从"校办院"向"院办校"转变。要建立学院分类管理机制,根据学院发展目标定位,实行分类管理;不断完善学

院分类评价体系,优化学院目标任务考核管理,注重对学院教学、科研、学科、师资等关键指标的定量考核,对一般指标进行定性评价;进一步扩大学院的办学自主权,允许学院自主设置内部机构及选聘人员、自主评聘专业技术人员、自主统筹使用学校划拨经费、自主分配绩效工资等;改进学院拨款方式,基本运行经费核拨由以条为主向以块为主、条块结合转变,实现基本发展、目标管理与经费拨款的有机衔接。其二,推进教学组织机构的现代化,实行专业负责人制度,加强专业内涵和教学质量建设。专业负责人不同于系主任(教研室主任)具有强行政性,这一岗位具有较强的开放性和包容性。可以在全校每个专业中选拔出具有丰富教学经验和较高学术水平的专业负责人,在明确目标和责任的基础上,设立更高的阶段性建设目标和长远规划,制定具体可行的行动方案,推动专业快速发展。其三,科研组织机构的现代化。积极构建院系—研究所(中心、特区)—实验室学科提升组织体系。当前,学科发展的新趋势已经促使学科建设路径、建设任务、建设目标发生了全新的改变。如果没有学科体制机制的创新,而是按部就班,就无法加快地方高校的发展。地方高校要以改革的思维来推进学科体制机制的创新,把改革贯穿学科建设的全过程,以改革推进学科建设提速增效。

三是提升大学治理效能。增强忧患意识、质量意识、效率意识,强化以人为本、崇尚学术、追求卓越的理念,加强统筹协调,优化工作机制,推动存量变革、增量崛起。一体推进"放管服"改革,打造精简高效、精细规范的治理生态,坚持"放"就"放到位",打造环节最少、成本最低、效率最高的办事流程;坚持"管"要"管出实效",大力推进人才培养模式改革、教师遴选聘任与绩效考核评价改革、学科建设与科研创新体制改革、资源共享共用体制改革,抓住引领性强、撬动力大的关键环节,创新方式方法,加快构建学科高峰,汇聚名师高人,打造创新高地;坚持"服"要"富有温度",强化精细化、个性化服务,加强部门、学院之间的信息畅通和协同攻关,实现优势互补和资源共享,促使师生的创造才能竞相迸发,推动学校超常规发展。改革激励机制,在保持正激励机制的同时引入负激励机制,培育创新基因,消解惰性文化,增强竞争意识。

四是防范化解重大风险。强化风险防范意识和底线思维,系统研判风险隐患,全面防范和化解泄密风险、考试风险、失职渎职风险和舆情风险,做到未雨绸缪、防患未然。成立学校安全委员会,提高快速反应和应急处理能力。落实风险评估和督查机制,建立安全稳定的工作报告制度,健全校园突发事件联动处置机制。加强安全宣传教育,提升智慧安防建设水平,优化校园安全育人机制,确保事业发展蹄疾步稳。

(八)强化地方高校师生对自身发展战略的认同

地方高校自身必须认清历史,顺应发展大势,深刻把握全球变革中的"危"与"机"、高质量发展的"破"与"立"、高等教育事业自身的"形"与"势",坚持用全局眼光谋划学校发展,坚持用解放思想引领事业发展,坚持用体制机制改革创新激发发展活力,坚持用大学精神凝聚发展动力,从变化中发现机遇,从问题中看到空间,从短板中挖掘潜力,既在战略上保持定力、坚定信心,又在战术上严阵以待,以变应变、变中求进,始终坚定推动改革发展的信心、决心和定力。

其一,强化地方高校师生员工对学校发展战略的认同。一所地方院校的办学理念、发展定位、战略规划,只有得到全体师生的支持和认同,才能形成感召力、凝聚力、向心力,才能激发师生的斗志和创造活力。就总体而言,当前山东省地方高校的发展质量和发展速度还不尽人意,普遍存在着以下问题:在人才培养方面,教学的中心地位还需进一步巩固,人才培养模式还跟不上信息化、国际化的要求,人才培养尚未完全适应社会发展需求;在人才梯队方面,支撑学科建设和专业发展的高层次人才和科研团队仍然缺乏,与高水平大学的差距依然明显;在学科发展方面,学科资源分散、发展不平衡,学科整合不够优化、特色不够鲜明、重点不突出;在科研创新方面,科研创新发展不快、质量不高、内生动力不足,服务国家经济提质增效、动能转换的水平亟待进一步提升;在体制机制方面,还缺乏"破"的勇气、"立"的智慧、"成"的能力,学科间、学院间发展不平衡,还没有突破传统的路径依赖和固有的惯性思维,综合改革还需进一步深化,校地合作、校际合作、国际合作还需进一步拓展。信仰、信念、信心,在任何时候都至关重要,形势越是严峻、任务越是繁重,越要坚定信心、保持定力,自觉把工作放到大局中考量,把发展融入大势中考虑,审时度势、把握机遇、谋划发展,在方法路径上敢闯新路,推动各项事业在爬坡越坎中一步一步迈上新的台阶。要引导师生员工甩掉思想包袱,从狭隘的地域局限思维中解放出来,不甘落后,勇于改变落后,找到各自的坐标,树立各自的追赶目标,努力把寻常工作做成超常,把普通工作做成特色,把优势工作做成亮点。

其二,锻造推进山东省地方高校发展的领导干部队伍。面对不进则汰、慢进则退的竞争态势,地方高校的领导班子和干部队伍是推动学校发展的中坚力量,要练就担当负责的"铁肩膀",努力形成攻坚克难的拳头力量、头雁效应,以"关键少数"带动"绝大多数"。地方高校领导干部队伍要厚植教育情怀、提升教育境界,聚焦大事、聚焦重点、聚焦实事,研究透"施工图",执行好"进度表",把控好"质量关",最大可能调动、聚集一切资源,推动学校发展出亮点、出成绩;要持续提升能力素质,坚持在干中学、学中干,不断增强学习本领、政治领导本领、改革创新本领、科学发展本领、依法执政本领、群众工作本领、狠抓落实本领、驾驭风险本领,切实提高政治领导力、思想引领力、师生组织力,练就啃"硬骨头"的"好牙口"、拔"钉子"的真本领,勇于直面、善于破解发展的症结难题,为高质量发展积聚更多的新动力。

第三节　山东省地方高校发展战略的重点突破：实施"鲁西高等教育支持振兴计划"

党的十九大提出,我国到 2035 年基本实现社会主义现代化,到本世纪中叶成为综合国力和国际影响力领先的国家。习近平总书记要求山东省"在社会主义现代化建设新征程中走在前列,全面开创新时代现代化强省建设新局面"。山东省全面实现现代化,离不开鲁西地区的现代化,而鲁西地区的现代化必须由教育的现代化作为先决条件。高等教育与经济社会发展相互影响,互为表里,呈现出一种正相关关系。推动鲁西地区高等教育跨越发展,是教育规律的内在要求,也是当前实现山东省现代化高质量发展的必由之路。基于此,本书认为,实施"鲁西高等教育支持振兴计划",加大对鲁西地区高等教育的支持力度,优化山东省高等教育布局,促进鲁西地区高等教育升级发展和全省区域间高等教育协同发展,实现鲁西地区经济社会和高等教育的"双崛起",应成为山东省地方高校发展战略的重点突破之举。

一、振兴鲁西地区高等教育的必要性

第一,振兴鲁西地区高等教育,是破解山东省区域发展不均衡,推进山东省经济高质量发展的强大引擎和必由之路。高等教育的水平决定着一个地区劳动者整体素质的高低和产业结构的水平,是一个地区发展水平、发展潜力的重要支撑和重要标志。东京湾区、旧金山湾区、纽约湾区等世界三大著名湾区建设,国内深圳、重庆、广州等城市和粤港澳大湾区的高等教育聚集政策,都为大力发展区域高等教育以带动区域经济社会崛起提供了成功案例。可以说,没有鲁西地区高等教育的崛起,就没有"鲁西崛起",就没有山东西部经济隆起带的

崛起和山东经济整体高质量发展。落实推进新旧动能转换、乡村振兴、区域协调等国家战略,加快推进"鲁西崛起"、山东西部经济隆起带建设,迫切需要整体提升鲁西地区高等教育的数量和质量,为推进鲁西地区经济社会高质量发展提供数量充足的高层次人才和持续不断的创新动力。

第二,振兴鲁西地区高等教育,是优化山东省高等教育布局,全面推进高等教育强省建设的大势所趋。山东省高等教育布局呈现中东部发达地市资源密集、西部资源稀少的东高西低格局,办学资源和高等教育普及化存在严重的区域失衡现象。建设高等教育强省,必然需要补齐鲁西地区高等教育短板,推动鲁西地区欠发达地市高等教育的兴起和壮大,促进高等教育在区域间的均衡布局,以普及化和地方化双轮驱动山东省高等教育的优化调整,使山东省高等教育整体实现高质量发展。

第三,振兴鲁西地区高等教育,是遵循教育发展规律、全面提高高等教育质量的必然要求。教育先行、优先发展教育、大力投资教育,既是国家战略,也是推进教育高质量发展的内在规律。高等教育作为教育体系的最顶端,是人才第一资源与科技第一生产力的重要结合点。真正的竞争是观念和制度层面的竞争,高等教育高质量发展的基本规律,要求我们必须把振兴鲁西地区高等教育作为推动"鲁西崛起"的重要先手棋,对推进鲁西地区高等教育现代化、建设高等教育强省做出总体部署和战略设计,建立系统的政策支持体系和投资机制,为振兴鲁西地区高等教育提供强劲的改革发展动力,以适度超前的高等教育现代化战略支撑鲁西地区经济社会现代化。

二、实施"鲁西高等教育支持振兴计划"的具体路径

实施"鲁西高等教育支持振兴计划",是实现鲁西地区高等学校数量与人口规模结构基本合理,山东各区域高等学校数量基本平衡,高等学校布局结构与城市发展大体相适应,高等教育层次、结构类型与山东省经济发展基本匹配,推动鲁西地区经济社会和高等教育"双崛起"的必由之路。

第一,增加鲁西地区高校数量,建设鲁西地区高等教育示范集群。应适应高等教育普及化趋势,根据区域人口规模和区域协调发展需要,制定实施鲁西地区高等学校设置规划,通过新建、合建、搬迁、引进以及校地、校企合作办学等方式合理分配优质高等教育资源,以需求为导向,按照每50万人口一所高等学校的标准,布局建设鲁西地区高等教育集群(例如,聊城大学东昌学院转设为公立的省属本科院校,整合聊城幼儿师范学校和聊城教育学院建设鲁西师范学

院;强化建设齐鲁工业大学菏泽校区,独立转设为鲁西工业学院;菏泽学院更名为菏泽大学;菏泽医学专科学校升格为本科院校等)。以城镇化、产业集聚区为核心,构建区域高等教育特色产业布局新模式,对接产业发展需求,培育新的增长点,将聊城、菏泽等人口大市转为人力资源强市(如建设聊城大学东阿阿胶学院)。精准对接"一带一路"倡议的人才需求,引入"一带一路"沿线国家优质高等教育资源,推动聊城大学与欧洲知名高校——波兰波兹南密茨凯维奇大学合作共建波兹南学院,开展本科、硕士学历教育。推进以聊城大学、菏泽学院、德州学院、滨州学院等为龙头的鲁西地区院校集群建设,推动鲁西地区高校间的互动交流、协调配合与联合共建,构建集群融合发展机制,形成鲁西高等教育集群示范区,促进高等教育在各市间均衡布局,为经济社会发展提供强有力的智力服务与科技创新支撑。

第二,加大投入力度,超常规提升鲁西地区高校办学层次。山东省应像支持齐鲁工业大学、山东第一医科大学、烟台大学那样,支持鲁西地区高校超常规发展。大力支持鲁西地区高校进入省部共建、省市共建行列,将聊城大学列入山东省重点建设高校,形成山东省重点高校建设的"3+3+5+5+X"格局,从战略上最大程度破解其发展受限的不利局面。集全省之人力、物力、财力,成立专门机构,拨付专项经费,给予特殊政策,在博士学位点建设等方面,依托基础最好的聊城大学,整合有关高校和科研院所力量,建设新聊城大学,将之打造成一所涵盖博士、硕士、学士学位授予权的真正的综合性大学,进一步发挥其辐射带动作用,以强有力地反哺鲁西地区经济社会发展。

第三,实施区域政策倾斜,优先补齐鲁西地区高教短板。其一,优化学位授权点布局。深化落实2017—2023年博士、硕士学位授予立项建设单位相关支持政策,加强聊城大学博士学位授予立项单位建设和其他鲁西地区高校硕士学位授予立项单位建设,并将支持鲁西地区高校博士学位和硕士学位授予立项单位建设列入山东省高等教育"十四五"发展规划,优先给予保障。扩大鲁西地区学生高等教育入学机会,新增本科生和研究生招生计划向鲁西地区高校倾斜。其二,在人才和经费政策上予以倾斜,化解鲁东、鲁中地区对优质高等教育资源的虹吸效应,推进东、中、西部地区均衡、全面、协调、可持续发展。在引进高层次人才方面,赋予鲁西地区高校更加宽松、灵活的政策和机制;在实施类似"长江学者""泰山学者"等人才计划时,设立鲁西地区高校专项,更多地考虑在鲁西地区高校布点,形成以研发求发展、以事业发展吸引人才、以人才优势带动整体发展的效应。设立鲁西地区高校重点建设专项基金,对鲁西地区高校生均拨款给予奖补支持。其三,加强鲁西地区高校干部队伍建设,特别要配齐配强学校领导班子,推进中、东部高校和西部高校间的干部交流,提高鲁西地区高校治理体系和治理能力现代化水平。

第四,打造鲁西地区高校办学特色,助力彰显核心竞争力。在科研和学科建设上支持鲁西地区高校立足区域经济社会发展,办出特色和水平。强化科研创新平台建设,实施"鲁西高校科研专项",以研发项目的方式加大对鲁西地区高校重点实验室和科研基地的投资力度,加强鲁西地区高校国家级、省部级科研平台培育和建设,新建一批体现鲁西地区学科集群优势和特色的教育部重点实验室、工程研究中心和学科创新引智基地。重点支持鲁西地区高校与区域经济社会发展契合度高的优势特色学科专业建设,强化区域支柱产业、特色领域等的急需紧缺人才培养。

第五,促进校际联合,推动中、东部高校支援鲁西地区高校。促进校际联合,共享优质教学资源,推动高等教育优质资源均衡化发展。以学科专业建设、师资队伍建设、人才培养、干部队伍建设、学校管理制度与运行机制建设等为重点,实施鲁中、鲁东地区高校对鲁西地区高校的支援和全方位合作。设立"中、东部高校支援鲁西高校计划"专项基金,在教育事业发展、资金分配、教学科研项目、学科建设、人才培养基地建设、国际交流与合作等方面对支援计划给予经费支持和政策倾斜。通过干部挂职、教师互派、名家名师讲学等多种形式,加强鲁中、鲁东高校与鲁西高校间的深度合作。

参考文献

[1] 谢安邦,唐安国,戚业国.中国高等教育研究新进展:2002[M].上海:华东师范大学出版社,2003.

[2] 陈厚丰.中国高等学校分类与定位问题研究[M].长沙:湖南大学出版社,2004.

[3] 马陆亭.高等学校的分层与管理[M].广州:广东教育出版社,2004.

[4] 潘懋元,王伟廉.高等教育学[M].福州:福建教育出版社,2007.

[5] [汉]许慎撰,[清]段玉裁注.说文解字注[M].郑州:中州古籍出版社,2006.

[6] 中国社会科学院语言研究所词典编辑室.现代汉语词典[M].6版.北京:商务印书馆,2012.

[7] 〔英〕霍恩比.牛津高阶英汉双解字典[M].4版.李北达,译.北京:商务印书馆,1997.

[8] 〔加〕许美德.中国大学1895—1995:一个文化冲突的世纪[M].许洁英,译.北京:教育科学出版社,2000.

[9] 栾开政.山东高等教育发展史[M].济南:山东教育出版社,2003.

[10] 金以林.近代中国大学研究[M].北京:中央文献出版社,2000.

[11] 〔苏〕斯大林.斯大林全集:第6卷[M].中共中央马克思恩格斯列宁斯大林著作编译局,译.北京:人民出版社,1956.

[12] 刘辉.企业管理战略理论与实务[M].北京:北京理工大学出版社,2016.

[13] 张耀波.战略思维与战略研究[M].昆明:云南大学出版社,2016.

[14] 刘献君.高等学校战略管理[M].北京:人民出版社,2008.

[15] 潘懋元.新编高等教育学[M].北京:北京师范大学出版社,1993.

[16] 孙喜亭.教育学问题研究概述[M].天津:天津教育出版社,1989.

[17] 教育部发展规划司:教育规划理论与实践[M].北京:中国大百科全书出版社,2006.

[18] 〔美〕约翰·S.布鲁贝克.高等教育哲学[M].王承绪,等,译.杭州:浙江教

育出版社,1998.

[19] 别敦荣. 现代大学制度:原理与实践[M]. 青岛:中国海洋大学出版社,
2018.

[20] 〔英〕约翰·密尔. 论自由[M]. 许宝骙,译. 北京:商务印书馆,2018.

[21] 郑金洲. 教育文化学[M]. 北京:人民教育出版社,2014.

[22] 叶澜. 教育概论[M]. 北京:人民教育出版社,1991.

[23] 郑金洲. 教育文化学[M]. 北京:人民教育出版社,2014.

[24] 〔英〕哈耶克. 致命的自负[M]. 冯克利,等,译. 北京:中国社会科学出版
社,2000.

[25] 〔英〕哈耶克. 通往奴役之路[M]. 王明毅,等,译. 北京:中国社会科学出版
社,1997.

[26] 〔美〕德里克·博克. 走出象牙塔[M]. 徐小洲,等,译. 杭州:浙江教育出版
社,2001.

[27] 宋承祥,等. 高等教育内涵发展分析与研究——山东高等教育中长期发展
战略研究报告[M]. 北京:教育科学出版社,2009.

[28] 〔德〕雅斯贝尔斯. 大学之理念[M]. 邱立波,译. 上海:上海人民出版社,
2007.

[29] 王英杰. 美国高等教育的发展与改革[M]. 北京:人民教育出版社,2002.

[30] 李霞,张皓. 略论地方高校与地方政府、区域社会的合作交流[J]. 教育与
职业,2014(10):29-30.

[31] 王健力. 树立现代办学理念,坚持服务社会的办学方向——新建地方多科
性院校办学的几点思考[J]. 中国高教研究. 2003(7):24-25.

[32] 刘健. 正确定位培养适应区域经济发展要求的应用型本科人才[J]. 中国
高教研究,2004(8):49-51.

[33] 管天球,宋振文,等. 学研产结合:新建本科院校的发展之路[J]. 中国高等
教育,2004(22):42-43.

[34] 王旭东. 地方高校通过社会服务提高办学水平[J]. 中国高等教育,2015
(3/4):56-58.

[35] 雷家彬. 高校分类管理制度与政策:国外经验与启示[J]. 中国高教研究,
2019(7):47-55.

[36] 陈厚丰. 国外高等教育分类研究述评[J]. 高等教育研究,2007(9):13-19.

[37] 上官剑. 高校定位中的错位与越位[J]. 黑龙江高教研究,2007(4):18-20.

[38] 杨科正,王富平. 分类与定位:地方普通高校转型发展的前提和关键[J]. 黑龙江高教研究,2015(9):21-23.

[39] 任志安,韩永强. 高校区域布局的现状及其问题分析[J]. 中国经验研究, 2013(11):243-245.

[40] 韩梦洁. 美国高等教育布局结构的历史变迁、现实状况及其影响因素[J]. 高等教育研究,2018(12):95-102.

[41] 谢永飞,黄蛟灵. 高等教育布局与区域发展研究——对 20 世纪 90 年代以来高等教育布局的分析[J]. 现代教育管理,2011(3):26-28.

[42] 李硕豪,魏昌廷. 我国高等教育布局与区域经济相关性研究[J]. 国家教育行政学院学报,2010(12):28-33.

[43] 刘复兴. 政府的基本教育责任:供给"公平"的教育政策[J]. 北京师范大学学报(社会科学版),2008(4):5-10.

[44] 邢永富. 应加强教育学概念及其体系的研究[J]. 教育研究,1991(8):35-38.

[45] 马万华,匡建江. 英国高等教育政策改革趋势[J]. 中国高等教育,2018(2):61-63.

[46] 祁占勇,李莹. 改革开放 40 年来我国高等教育政策的演进逻辑与理性选择[J]. 高等教育研究,2018(4):16-22.

[47] 康宁,张其龙,苏慧斌. 从近十年国家出台的文件看我国高等教育政策制定[J]. 复旦教育论坛,2018(5):29-31.

[48] 王丽娟,曲铁华. 论高等教育政策三维伦理向度[J]. 黑龙江高教研究, 2016(2):24-26.

[49] 周济. 谋划发展,规划未来[J]. 中国高等教育,2003(1):1-3.

[50] 别敦荣. 大学发展战略规划的制定与实施[J]. 高等工程教育研究,2010(10):91-95,130.

[51] 汪育文. 国内外高校战略规划研究热点及趋势分析[J]. 高教发展与评估, 2019(7):35-52.

[52] 吴明忠,周卓,阎斌伦,等. 区域经济发展与地方高校战略规划[J]. 淮海工学院学报(社会科学版),2008(6):124-129.

[53] 王司瑜. 关于地方高校战略规划问题的理性思考[J]. 黑龙江高教研究, 2006(3):24-25.

[54] 李兴国. 新常态视域下地方高校战略发展规划存在的问题与对策[J]. 昆

明理工大学学报(社会科学版),2015(10):85-89.

[55] 蔡先金."大学"之名与中国近代大学起源考辨[J].高等教育研究,2017(1):73-80.

[56] 王旭东.论地方高校社会服务职能的拓展[J].中国高教研究,2007(8):16-17.

[57] 山东巡抚周奏办山东各学堂情形折[J].东方杂志,1904(6):136-139.

[58] 直督袁奏请以山东等省举贡拣发来直入法政学堂片[J].南洋官报,1906(47):11.

[59] 学部奏复核山东高等学堂正科毕业试卷可疑拟令该生来京复试折[J].浙江教育官报,1909(11):84.

[60] 何思源.最近山东省教育概况[J].河南教育,1930(21):89-91.

[61] 李之鸥.山东省教育复原概况[J].教育通讯,1946(8):14-16.

[62] 何思源.近八年来之山东教育[J].教育杂志,1936(11):39-53.

[63] 刘润忠.论地方高校的办学问题——环境、发展、战略选择[J].连云港职业大学学报,1991(2):5-15.

[64] 浩泉.地方高校如何争创"一流"[J].中国高等教育,2001(Z2):38-40.

[65] 别敦荣.我国地方大学的使命与发展战略[J].河北科技大学学报(社会科学版),2007(3):82-86.

[66] 李志义.论地方高校发展中战略层面的五种关系[J].中国大学教学,2015(5):7-13.

[67] 郭贵春.实现"五个转向":理性选择学校发展战略[J].中国高等教育,2006(12):18-20.

[68] 张宁.试论地方高校的科学发展战略[J].内江科技,2009(2):7-8.

[69] 胡雄,黄桉.地方高校发展战略思考[J].武汉化工学院学报,2006(5):25-28.

[70] 蒋华林.论地方高校的历史使命及其发展战略[J].国家教育行政学院学报,2009(9):70-73.

[71] 檀坤华.我国地方高等院校的发展战略选择[J].国家教育行政学院学报,2008(4):11-14.

[72] 金保华,王英.地方高水平大学的发展战略研究[J].教育探索,2014(4):18-20.

[73] 钟劲松.论地方高校发展战略管理[J].黄冈师范学院学报,2018(4):5-8.

[74] 张晓琪,等.地方高等院校发展战略的思考[J].经济师,2005(9):89-90.

[75] 周应佳.关于地方高校发展的战略思考与实践[J].襄樊学院学报,2009

(1):5-9.

[76] 刘小强. 关系思维与高等教育研究[J]. 中国高等教育评论,2011(2):385-399.

[77] 展立新,陈学飞. 理性的视角:走出高等教育"适应论"的历史误区[J]. 北京大学教育评论,2013(1):95-125.

[78] 张应强. 教育内外部关系规律及其对高等教育学学科建设的意义[J]. 山东高等教育,2015(3):90-96.

[79] 李枭鹰. 走出教育规律认识的困境[J]. 中国高教研究,2009(3):36-39.

[80] 李枭鹰. 论高等教育的关系属性[J]. 教育研究,2014(9):33-38.

[81] 黄湘倬,王德清. 潘懋元"教育内外部关系规律"理论的价值研究[J]. 湖南社会科学,2010(5):181-183.

[82] 万建明. "教育内外部规律说"解析[J]. 教育评论,2004(1):10-13.

[83] 向春. "教育内外部关系规律"的提出及其实践意义[J]. 长白学刊,2008(4):145-147.

[84] 赵宗更,等. 从高等教育内外部关系规律看高校突发公共事件的预防和处理[J]. 理工高教研究,2008(1):77-80.

[85] 刘赞英,刘双悦. 从高等教育内外部关系规律谈大学自律[J]. 河北科技大学学报(社会科学版),2009(3):82-88.

[86] 李立国. 高校特色化战略研究[J]. 北京教育(高教版),2006(2):8-10.

[87] 刘向兵,伍聪. 试论高等学校提升国际性战略[J]. 中国高教研究,2009(4):61-62.

[88] 亢雄. 新建本科院校战略管理的实施[J]. 黑龙江高教,2008(12):40-42.

[89] 许小君. 高校竞争性战略管理模式的运用[J]. 江苏高教,2009(5):35-37.

[90] 李培根. 大学校长之战略把握与推进[J]. 高等教育研究,2006(7):27-31.

[91] 杨延东. 大学校长在高校战略管理中的角色定位和角色转换[J]. 高等教育研究,2007(6):44-49.

[92] 储祖旺,万可. 论我国高校战略管理团队的构建[J]. 黑龙江高教研究,2007(2):61-64.

[93] 楚旋,冯瑞华,吴宏远. 高校战略管理能力评价指标体系构建研究[J]. 黑龙江高教研究,2016(8):7-10.

[94] 楚旋,冯瑞华,吴宏远. 高校战略管理能力结构研究[J]. 现代教育管理,2015(11):13-18.

[95] 黄乃文. 高校战略管理浅析[J]. 教育与职业,2010(5):19-21.

[96] 成雁瑛. 我国高校生态位研究:概念、应用及发展趋势[J]. 大学教育科学,2016(4):38-43.

[97] 张庆辉. 大学战略管理实质的再认识[J]. 高教探索,2011(3):11-13.

[98] 龚怡祖,谢凌凌. 生态位战略:新建本科院校发展战略新选择[J]. 高教探索,2011(6):10-15.

[99] 梁方正. 高等教育生态视角下的大学发展战略选择[J]. 中国电力教育,2011(11):1-2.

[100] 郭树东,等. 我国研究型大学的学科发展战略定位模式与生态位对策[J]. 北京交通大学学报(社会科学版),2008(4):95-99.

[101] 刘志峰,李景春. 高校发展战略选择的生态位视域[J]. 煤炭高等教育,2006(5):85-88.

[102] 陈媛,肖云龙. 我国高校角色错位现象的生态位思考[J]. 交通高教研究,2003(2):9-12.

[103] 黄小灵. 教育生态位视域下应用型大学定位与发展战略研究[J]. 浙江工商职业技术学院学报,2016(1):37-40.

[104] 薛春艳. 生态位理论视阈中大学定位问题的反思[J]. 成都教育学院学报,2004(8):33-35.

[105] 梅丽珍,等. 基于生态位理论的高校发展定位研究[J]. 吉林教育学院学报,2008(2):98-100.

[106] 胡春蕾. 基于生态学理论的高校发展定位研究[J]. 科技展望,2014(23):235.

[107] 鲁武霞. 应用型本科高校"转型":发展困境与生态定位[J]. 大学教育科学,2017(3):30-36.

[108] 蔡伟. 教育生态视阈下的地方本科高校转型发展探微[J]. 教育现代化,2016(33):93-95.

[109] 上官剑. 高校定位中的错位与越位[J]. 黑龙江高教研究,2007(4):18-20.

[110] 纪秋颖,林健. 基于生态位原理的高等学校特色建设[J]. 黑龙江高教研究,2005(3):8-10.

[111] 刘在洲,张应强. 多学科视野中的高校特色化理论分析[J]. 现代大学教育,2004(3):20-23.

[112] 罗玲. 基于生态位视角的地方高校办学特色建设[J]. 长春工业大学学报

（高教研究版），2010（3）：21-22.

[113] 赵光宇. 生态位理论下我国地方高校办学特色化研究[J]. 商品与质量，2012（5）：315.

[114] 周真. 教育生态视野下的应用型特色大学建设研究[J]. 课程教育研究，2008（8）：10.

[115] 赵磊，朱泓. 区域特色高水平大学发展路径探析[J]. 黑龙江高教研究，2015（5）：24-26.

[116] 林健，纪秋颖. 基于生态系统观的高校核心能力内涵分析[J]. 高教探索，2006（6）：17-19.

[117] 纪秋颖，林健. 基于生态位理论的高校核心能力评价与方法研究[J]. 中国软科学，2006（9）：145-150.

[118] 张信东，杨婷. 基于生态位理论构建高校核心竞争力的思考[J]. 高教探索，2008（1）：57-60.

[119] 成雁瑛，吴济慧. 生态位视域下高职院校核心竞争力的构成及提升路径[J]. 中国职业技术基于，2017（6）：87-90.

[120] 梁晶华. 生态位理论下高职院校核心竞争力评价指标体系构建研究[J]. 长春工程学院学报，2018（2）：50-53.

[121] 姜燕. 生态位理论下的职业院校核心竞争力问题研究[J]. 职教论坛，2011（25）：57-59.

[122] 王国光. 职业院校核心竞争力的生态学思考[J]. 职教通讯，2013（35）：1-3.

[123] 李兵，张艳辉. 布鲁贝克的高等教育哲学观[J]. 大连教育学院学报，2002（2）：29-32.

[124] 尹晓敏. 寻求政府控制与大学自治的平衡[J]. 高教探索，2007（4）：52-55.

[125] 牟占军. 内蒙古地方高校的发展现状及战略思考[J]. 内蒙古师范大学学报（教育科学版），2014（7）：4-7.

[126] 刘明贵. 中国西部地方高校定位及发展战略研究[J]. 科技进步与对策，2005（9）：41-43.

[127] 吴亚光. 区域经济发展与地方高校战略的关系及隐形假设分析[J]. 区域经济评论，2013（4）：77-81.

[128] 毛元平. 我国地方政府与地方高校关系问题探析[J]. 教育职业，2007（26）：28-30.

[129] 谢菲，高炜晨. 高等教育改革中政府与高校关系的研究[J]. 当代教育实

践与教育研究,2018(7):248.

[130] 徐建. 政府与高校关系边界论[J]. 理论与改革,2013(4):134-136.

[131] 雷晓云. 试论区域文化对地方大学办学特色的影响[J]. 荆楚理工学院学报,2014(3):65-68.

[132] 华原俊,孟超轮. 我国高校领导体制与西方教授治校比较研究[J]. 现代商贸工业,2008(4):146-148.

[133] 谢新水,刘涵慧,严文蕃. 高校管理干部的领导行为、领导风格和领导技能分析[J]. 大学教育科学,2014(2):33-38.

[134] 别敦荣. 我国现代大学制度探析[J]. 江苏高教,2004(3):1-3.

[135] 徐佩红,翁礼成. 高校校园文化建设中存在的问题与对策[J]. 教育探索,2011(10):96-97.

[136] 左兵. 学术本位型组织文化:地方高校跨越式发展的文化战略选择[J]. 教育发展研究,2013(1):22-26.

[137] 樊平军. 高等教育政策驱动模式的国际比较[J]. 高教探索,2009(5):66-69.

[138] 王建华. 政策驱动高等教育改革的背后[J]. 清华大学教育研究,2019(1):56-64.

[139] 谢飞厚. 政府与高校关系的中外比较[J]. 湖北大学学报(哲学社会科学版),2004(6):737-739.

[140] 郭兆红. 以战略管理引领地方高校转型发展[J]. 教育理论与实践,2017(15):12-14.

[141] 郭丽君. 地方高校发展的困境与战略选择[J]. 现代大学教育,2009(5):102-106.

[142] 惠泱河,杜育峰. 地方高等学校的合理定位与发展策略选择[J]. 西北大学学报(哲学社会科学版),2006(3):142-145.

[143] 李峻. 论高等教育的独立性[J]. 复旦教育论坛,2007(4):36-39.

[144] 林正范,吴跃文. 论高校办学自主权的含义、依据与范畴[J]. 上海高教研究,1994(2):51-54.

[145] 张蕊. 中国语境下现代大学制度的历史继承与现实发展[J]. 现代传播,2013(9):149-150.

[146] 李凤龙,张芬芬,郭峰. 地方大学文化引领地域文化发展存在的问题及价值诉求[J]. 教育探索,2014(2):95-98.

[147] 赵军. 地方大学引领区域文化发展的路径选择[J]. 三峡大学学报(人文社会科学版),2009(1):102-105.

[148] 戴国立. 基于 SWOT 分析法的"四个深刻"对高校稳定的影响分析[J]. 郑州大学学报(哲学社会科学版),2012(6):94-96.

[149] 孙红梅,赵明,师萍. 陕西普通高等学校 SWOT 分析及发展策略[J]. 西安邮电学院学报,2006(11):85.

[150] 臧苏渝. 大众化教育多样化质量观的重构[J]. 重庆工学院学报,2003(12):137.

[151] 杨兴林. 高校发展战略研究若干重要问题的思考[J]. 现代教育管理,2013(1):37-41.

[152] 樊继轩. 大学内涵式发展战略的结构要素探讨[J]. 黄河科技大学学报,2013(1):1-3.

[153] 郭瀛霞. 教育部直属师范院校发展战略规划比较研究[J]. 当代教育科学,2018(1):63-67.

[154] 宋旭红,等. 高等教育分类管理的实践基础与路径设计——以山东为个案[J]. 当代教育科学,2018(11):69-73.

[155] 刘根东,郭必裕. 高校战略管理的基本特征及实施策略[J]. 中国高教研究,2009(5):15-17.

[156] 潘懋元,车如山. 做强地方本科院校——地方本科院校的定位与特征研究[J]. 中国高教研究,2009(12):15-18.

[157] 李友文. 地方高校科学发展战略决策的要素构成与优化[J]. 战略决策研究,2010(5):62-65.

[158] 朱桂兰. 标杆管理:重新诠释大学办学定位[J]. 清华大学教育研究,2006(3):111-113.

[159] 钟岷源. 我为什么倡导精英教育——对话厦门大学校长朱崇实[J]. 南风窗,2009(13):60-63.

[160] 宣勇. 论大学学科组织[J]. 科学学与科学技术管理,2002(5):30-33.

[161] 赵哲,宋丹. 区域高等教育发展战略规划的缺失与现代体系建构[J]. 国家教育行政学院学报,2015(12):69-73.

[162] 陈斌. 我国高校战略发展困境及其破解[J]. 现代教育管理,2015(5):22-26.

[163] 阎光才. 大学组织的管理特征探析[J]. 高等教育研究,2000(7):53-57.

［164］别敦荣. 发展规划是大学改革与发展的航标［J］. 高等教育研究,2005
　　　(4):55-57.

［165］别敦荣. 高校发展战略规划的理论与实践［J］. 现代教育管理,2015(5):1-9.

［166］赵鑫全. 试论高校发展战略规划:作用、问题与对策［J］. 黑龙江高教研
　　　究,2017(12):75-78.

［167］宫富. 大数据背景下的地方高校发展战略研究——以浙江理工大学为例
　　　［J］. 内蒙古师范大学学报(教育科学版),2016,206(3):16-20.

［168］张雪. 世界一流高校排名特征与我国"双一流"高校建设分析［J］. 兵团教
　　　育学院学报,2018:42-46.

［169］杨科正,王富平. 促进一般地方高校充分发展,补齐中国高教最"短板"
　　　［J］. 教书育人(高教论坛),2018,637(15):9-11.

［170］吴小玮. 省域"双一流"建设政策文本的内容分析［J］. 中国高教研究,
　　　2017(8):56-60.

［171］杨岭,毕宪顺. 山东省高教强省建设:问题与对策［J］. 当代教育科学,
　　　2016(23):58-64.

［172］王克,纪秋颖. 中心城市高校融入区域经济社会谋发展的策略——基于
　　　广东五邑大学的经验［J］. 高教探索,2013(3):27-32.

［173］张继龙. 高校战略转型的决策过程研究——以扬州大学为例［J］. 煤炭高
　　　等教育,2014,32(3):17-21.

［174］杨习超,周川. 论高校章程建设中的社会多元监督［J］. 学术探索,2016
　　　(6):112-118.

［175］田虎伟,宋书中,李友军. 高校的学院发展战略实施研究［J］. 山东高等教
　　　育,2014(2):34-38.

［176］张安富. 澳、新大学发展规划的制定及启示［J］. 国家教育行政学院学报,
　　　2018(11):92-95.

［177］蔡克勇. 战略规划:高等学校发展的关键［J］. 高教发展与评估,2003(4):
　　　1-5.

［178］湛毅青,彭省临. 美国高校战略规划的编制与实施研究——以爱荷华州
　　　立大学为例［J］. 现代大学教育,2007(4):52-58.

［179］周巧玲. 自我评估与监控:大学战略规划的双翼［J］. 清华大学教育研究,
　　　2009(1):106-109.

［180］向春."教育内外部关系规律"的提出及其实践意义［J］. 长白学刊,2008

(4):145-147.

[181] 陈娟娟. 基于生态位理论的地方高校可持续发展策略[J]. 四川教育学院学报,2007(6):1-3.

[182] 王少媛,王杨红. 生态位视域下省域高校特色发展的现实扫描及路径选择[J]. 现代教育科学,2011(7):30-32.

[183] 李娜. 地方普通本科院校办学定位及其分类发展研究[D]. 桂林:广西师范大学硕士学位论文,2012.

[184] 吴高照. 改革开放以来我国高等教育经费政策演变分析[D]. 金华:浙江师范大学硕士学位论文,2013.

[185] 邹晓平. 地方院校战略规划的理论问题与个案分析[D]. 厦门:厦门大学博士学位论文,2006.

[186] 和飞. 地方大学办学理念研究[D]. 武汉:华中科技大学博士学位论文,2005.

[187] 范成祥. 地方高校发展策略研究[D]. 济南:山东师范大学硕士学位论文,2007.

[188] 张泽麟. 高等学校战略管理研究[D]. 长沙:湖南大学硕士学位论文,2003.

[189] 彭宗德. 高等学校发展战略研究[D]. 哈尔滨:哈尔滨工程大学硕士学位论文,2007.

[190] 张庆辉. 生态学视野下的大学战略管理[D]. 武汉:华中科技大学博士学位论文,2010.

[191] 王峰. 教育生态视域下江苏高教发展研究[D]. 南京:南京农业大学博士学位论文,2014.

[192] 王国亮. 生态学视域下广西高等教育结构优化研究[D]. 南宁:广西师范大学硕士学位论文,2011.

[193] 王京. 地方高等学校特色学科建设研究[D]. 金华:浙江师范大学硕士学位论文,2007.

[194] 郭树东. 研究型大学学科生态系统发展模型及仿真研究[D]. 北京:北京交通大学博士学位论文,2009.

[195] 谢凌凌. 新建本科院校"生态位战略"的构建、运行与评价[D]. 南京:南京农业大学博士学位论文,2011.

[196] 崔丽敏. 生态位视域下黑龙江高等教育定位问题研究[D]. 哈尔滨:哈尔

滨工程大学硕士学位论文,2010.

[197] 杨柳. 地方院校办学特色研究[D]. 南昌:江西师范大学硕士学位论文,
2006.

[198] 邢曙. 地方高校特色学科生态化发展研究[D]. 兰州:兰州大学硕士学位
论文,2010.

[199] 李军. 基于生态位原理的中国高等学校生态竞争研究[D]. 天津:天津大
学博士学位论文,2007.

[200] 于洪兴. 转型期高校教师人力资源管理:现状、问题与对策[D]. 苏州:苏
州大学硕士学位论文,2008.

[201] 唐雯. 江西省普通高校分类视阈中的办学定位研究[D]. 南昌:南昌大学
硕士学位论文,2008.

[202] 石少婷. 山东高等学校分类研究[D]. 济南:山东师范大学硕士学位论文,
2015.

[203] 徐倩,聂铭静,杨文轶,等. 2018中国高等教育十大关键词[N]. 中国教育
报,2018-12-24(06).

[204] 马陆亭. 高校布局越来越广泛是世界高等教育发展的规律[N]. 文汇报,
2016-11-18(07).

[205] 郭菁荔. 大学之用,在于对社会贡献之大[N]. 青岛日报,2017-11-21(04).

[206] 赵长芬. 两种精神办学,三项举措育人——临沂大学潜心培养担当民族
复兴大任的时代新人纪实[N]. 中国教育报,2019-11-15(04).

[207] 王原,王秀清. 校地一家,打造城校融合发展共同体[N]. 大众日报,2020-
06-11(15).

[208] 王原,王沙沙. 从有山无峰到群峰崛起——山东率先提出高等教育内涵
发展并付诸实施[N]. 大众日报,2012-09-29(10).

[209] 胡金焱. 高校是人才招引的重要阵地[N]. 大众日报,2018-08-08(07).

[210] 郑亚娟. 地方高校办学理念及其发展途径探讨[N]. 经济与社会发展,
2004(4).

[211] 和飞. 高等教育中"学"与"术"的关系——兼论大学办学理念的分野[N].
光明日报,2007-12-05(11).

山东省高等学校一览表①

（截至 2020 年 6 月 30 日）

学校名称	学校标识码	主管部门	所在地	办学层次	备注
山东大学	4137010422	教育部	济南市	本科	
中国海洋大学	4137010423	教育部	青岛市	本科	
山东科技大学	4137010424	山东省	青岛市	本科	
中国石油大学(华东)	4137010425	教育部	青岛市	本科	
青岛科技大学	4137010426	山东省	青岛市	本科	
济南大学	4137010427	山东省	济南市	本科	
青岛理工大学	4137010429	山东省	青岛市	本科	
山东建筑大学	4137010430	山东省	济南市	本科	
齐鲁工业大学	4137010431	山东省	济南市	本科	
山东理工大学	4137010433	山东省	淄博市	本科	
山东农业大学	4137010434	山东省	泰安市	本科	
青岛农业大学	4137010435	山东省	青岛市	本科	
潍坊医学院	4137010438	山东省	潍坊市	本科	
山东第一医科大学	4137010439	山东省	济南市	本科	

---

① 全国高等学校名单[EB/OL]. http://www.moe.gov.cn/jyb_xxgk/s5743/s5744/202007/t20200709_470937.html.

（续表）

学校名称	学校标识码	主管部门	所在地	办学层次	备注
滨州医学院	4137010440	山东省	滨州市	本科	
山东中医药大学	4137010441	山东省	济南市	本科	
济宁医学院	4137010443	山东省	济宁市	本科	
山东师范大学	4137010445	山东省	济南市	本科	
曲阜师范大学	4137010446	山东省	济宁市	本科	
聊城大学	4137010447	山东省	聊城市	本科	
德州学院	4137010448	山东省	德州市	本科	
滨州学院	4137010449	山东省	滨州市	本科	
鲁东大学	4137010451	山东省	烟台市	本科	
临沂大学	4137010452	山东省	临沂市	本科	
泰山学院	4137010453	山东省	泰安市	本科	
济宁学院	4137010454	山东省	济宁市	本科	
菏泽学院	4137010455	山东省	菏泽市	本科	
山东财经大学	4137010456	山东省	济南市	本科	
山东体育学院	4137010457	山东省	济南市	本科	
山东艺术学院	4137010458	山东省	济南市	本科	
齐鲁医药学院	4137010825	山东省教育厅	淄博市	本科	民办
青岛滨海学院	4137010868	山东省教育厅	青岛市	本科	民办
枣庄学院	4137010904	山东省	枣庄市	本科	
山东工艺美术学院	4137010908	山东省	济南市	本科	
青岛大学	4137011065	山东省	青岛市	本科	
烟台大学	4137011066	山东省	烟台市	本科	
潍坊学院	4137011067	山东省	潍坊市	本科	
山东警察学院	4137011324	山东省	济南市	本科	
山东交通学院	4137011510	山东省	济南市	本科	
山东工商学院	4137011688	山东省	烟台市	本科	
山东女子学院	4137012331	山东省	济南市	本科	

（续表）

学校名称	学校标识码	主管部门	所在地	办学层次	备注
烟台南山学院	4137012332	山东省教育厅	烟台市	本科	民办
潍坊科技学院	4137012843	山东省教育厅	潍坊市	本科	民办
山东英才学院	4137013006	山东省教育厅	济南市	本科	民办
青岛恒星科技学院	4137013015	山东省教育厅	青岛市	本科	民办
青岛黄海学院	4137013320	山东省教育厅	青岛市	本科	民办
山东现代学院	4137013322	山东省教育厅	济南市	本科	民办
山东协和学院	4137013324	山东省教育厅	济南市	本科	民办
山东工程职业技术大学	4137013356	山东省教育厅	济南市	本科	民办
烟台大学文经学院	4137013359	山东省教育厅	烟台市	本科	民办
聊城大学东昌学院	4137013373	山东省教育厅	聊城市	本科	民办
青岛理工大学琴岛学院	4137013378	山东省教育厅	青岛市	本科	民办
潍坊理工学院	4137013379	山东省教育厅	潍坊市	本科	民办
山东财经大学燕山学院	4137013383	山东省教育厅	济南市	本科	民办
中国石油大学胜利学院	4137013386	山东省教育厅	东营市	本科	民办
山东外国语职业技术大学	4137013387	山东省教育厅	日照市	本科	民办
山东科技大学泰山科技学院	4137013624	山东省教育厅	泰安市	本科	民办
山东华宇工学院	4137013857	山东省教育厅	德州市	本科	民办
山东外事职业大学	4137013874	山东省教育厅	威海市	本科	民办
青岛工学院	4137013995	山东省教育厅	青岛市	本科	民办
青岛农业大学海都学院	4137013997	山东省教育厅	烟台市	本科	民办
齐鲁理工学院	4137013998	山东省教育厅	济南市	本科	民办
山东财经大学东方学院	4137013999	山东省教育厅	泰安市	本科	民办
济南大学泉城学院	4137014002	山东省教育厅	济南市	本科	民办
山东政法学院	4137014100	山东省	济南市	本科	
齐鲁师范学院	4137014276	山东省	济南市	本科	
山东青年政治学院	4137014277	山东省	济南市	本科	

（续表）

学校名称	学校标识码	主管部门	所在地	办学层次	备注
北京电影学院现代创意媒体学院	4137014327	山东省教育厅	青岛市	本科	民办
山东管理学院	4137014438	山东省	济南市	本科	
山东农业工程学院	4137014439	山东省	济南市	本科	
山东医学高等专科学校	4137010442	山东省	临沂市	专科	
菏泽医学专科学校	4137010444	山东省	菏泽市	专科	
山东商业职业技术学院	4137010832	山东省	济南市	专科	
山东电力高等专科学校	4137011827	山东省	济南市	专科	
日照职业技术学院	4137012062	山东省	日照市	专科	
曲阜远东职业技术学院	4137012070	山东省教育厅	济宁市	专科	民办
青岛职业技术学院	4137012324	山东省	青岛市	专科	
威海职业学院	4137012326	山东省	威海市	专科	
山东职业学院	4137012328	山东省	济南市	专科	
山东劳动职业技术学院	4137012329	山东省	济南市	专科	
莱芜职业技术学院	4137012330	山东省	济南市	专科	
济宁职业技术学院	4137012335	山东省	济宁市	专科	
潍坊职业学院	4137012391	山东省	潍坊市	专科	
烟台职业学院	4137012396	山东省	烟台市	专科	
东营职业学院	4137012440	山东省	东营市	专科	
聊城职业技术学院	4137012441	山东省	聊城市	专科	
滨州职业学院	4137012818	山东省	滨州市	专科	
山东科技职业学院	4137012819	山东省	潍坊市	专科	
山东服装职业学院	4137012841	山东省	泰安市	专科	
德州科技职业学院	4137012842	山东省教育厅	德州市	专科	民办
山东力明科技职业学院	4137012844	山东省教育厅	泰安市	专科	民办
山东圣翰财贸职业学院	4137012945	山东省教育厅	济南市	专科	民办
山东水利职业学院	4137012946	山东省	日照市	专科	

（续表）

学校名称	学校标识码	主管部门	所在地	办学层次	备注
山东畜牧兽医职业学院	4137012947	山东省	潍坊市	专科	
青岛飞洋职业技术学院	4137013005	山东省教育厅	青岛市	专科	民办
东营科技职业学院	4137013007	山东省教育厅	东营市	专科	民办
山东交通职业学院	4137013008	山东省	潍坊市	专科	
淄博职业学院	4137013009	山东省	淄博市	专科	
山东外贸职业学院	4137013010	山东省	青岛市	专科	
青岛酒店管理职业技术学院	4137013011	山东省	青岛市	专科	
山东信息职业技术学院	4137013012	山东省	潍坊市	专科	
青岛港湾职业技术学院	4137013014	山东省	青岛市	专科	
山东胜利职业学院	4137013316	山东省	东营市	专科	
山东经贸职业学院	4137013317	山东省	潍坊市	专科	
山东工业职业学院	4137013318	山东省	淄博市	专科	
山东化工职业学院	4137013319	山东省	淄博市	专科	
青岛求实职业技术学院	4137013321	山东省教育厅	青岛市	专科	民办
济南职业学院	4137013323	山东省	济南市	专科	
烟台工程职业技术学院	4137013355	山东省	烟台市	专科	
潍坊工商职业学院	4137013388	山东省教育厅	潍坊市	专科	民办
德州职业技术学院	4137013389	山东省	德州市	专科	
枣庄科技职业学院	4137013390	山东省	枣庄市	专科	
淄博师范高等专科学校	4137013777	山东省	淄博市	专科	
山东中医药高等专科学校	4137013778	山东省	烟台市	专科	
济南工程职业技术学院	4137013855	山东省	济南市	专科	
山东电子职业技术学院	4137013856	山东省	济南市	专科	
山东旅游职业学院	4137013858	山东省	济南市	专科	
山东铝业职业学院	4137013859	山东省	淄博市	专科	
山东杏林科技职业学院	4137013860	山东省教育厅	济南市	专科	民办
泰山职业技术学院	4137013861	山东省	泰安市	专科	

（续表）

学校名称	学校标识码	主管部门	所在地	办学层次	备注
山东药品食品职业学院	4137013966	山东省	威海市	专科	
山东商务职业学院	4137014078	山东省	烟台市	专科	
山东轻工职业学院	4137014079	山东省	淄博市	专科	
山东城市建设职业学院	4137014080	山东省	济南市	专科	
烟台汽车工程职业学院	4137014081	山东省	烟台市	专科	
山东司法警官职业学院	4137014082	山东省	济南市	专科	
菏泽家政职业学院	4137014118	山东省	菏泽市	专科	
山东传媒职业学院	4137014193	山东省	济南市	专科	
临沂职业学院	4137014195	山东省	临沂市	专科	
枣庄职业学院	4137014196	山东省	枣庄市	专科	
山东理工职业学院	4137014242	山东省	济宁市	专科	
山东文化产业职业学院	4137014261	山东省教育厅	烟台市	专科	民办
青岛远洋船员职业学院	4137014320	山东省	青岛市	专科	
济南幼儿师范高等专科学校	4137014332	山东省	济南市	专科	
济南护理职业学院	4137014343	山东省	济南市	专科	
泰山护理职业学院	4137014345	山东省	泰安市	专科	
山东海事职业学院	4137014346	山东省教育厅	潍坊市	专科	民办
潍坊护理职业学院	4137014347	山东省	潍坊市	专科	
潍坊工程职业学院	4137014379	山东省	潍坊市	专科	
菏泽职业学院	4137014477	山东省	菏泽市	专科	
山东艺术设计职业学院	4137014506	山东省教育厅	济南市	专科	民办
威海海洋职业学院	4137014507	山东省	威海市	专科	
山东特殊教育职业学院	4137014545	山东省	济南市	专科	
烟台黄金职业学院	4137014570	山东省教育厅	烟台市	专科	民办
日照航海工程职业学院	4137014605	山东省教育厅	日照市	专科	民办
青岛工程职业学院	4137014666	山东省	青岛市	专科	
青岛幼儿师范高等专科学校	4137014688	山东省	青岛市	专科	

（续表）

学校名称	学校标识码	主管部门	所在地	办学层次	备注
烟台幼儿师范高等专科学校	4137014689	山东省	烟台市	专科	
烟台文化旅游职业学院	4137014707	山东省	烟台市	专科	
临沂科技职业学院	4137014708	山东省	临沂市	专科	
青岛航空科技职业学院	4137014709	山东省教育厅	青岛市	专科	民办
潍坊环境工程职业学院	4137014710	山东省教育厅	潍坊市	专科	民办

山东省地方高校发展战略研究访谈提纲

为广泛征求专家学者、政府领导和高校管理者对山东省地方高校发展战略规划的意见和建议,从山东省高等教育改革与发展全局视角出发,探讨地方高校发展的定位、方向、行动策略及评价机制等方面内容,特设计此半开放式访谈提纲。

1. 您如何评价山东省地方高校的发展状况?

2. 您认为山东省地方高校的区域布局是否合理? 存在哪些问题? 应如何改进?

3. 您认为山东省地方高校的类型结构、数量规模、发展质量存在哪些问题? 应如何改进?

4. 您认为山东省对地方高校的资源分配、政策引导等方面存在哪些问题? 应如何改进?

5. 您认为影响山东省地方高校发展的关键因素有哪些?

6. 您认为山东省地方高校发展中自身存在的问题有哪些? 应如何改进? 山东省地方高校服务区域经济社会发展方面存在的不足与改进建议有哪些?

7. 您认为评价地方高校发展绩效的关键性指标有哪些?

8. 您认为影响地方高等教育财政投入的关键性因素有哪些? 应如何保障地方高校的经费投入?(有关厅领导)

9. 您认为影响地方高校发展的人力资源因素有哪些? 省人力资源厅将采取什么措施解决这些问题?(有关厅领导)

后 记

....

高等教育既是国计,也是民生。地方高校的建设与发展,已经逐渐成为体现区域经济社会发展新进步、科技文化发展新水平以及百姓生活质量新内涵的一个新"地标"。山东省地方高校的发展亦是如此,在如火如荼的现代化强省建设和新旧动能转换重大工程的实施过程中,地方高校已然成为人才智力支撑和创新体系建设的主力军。需求越迫切,使命越光荣,任务越艰巨。面对新时代、新要求,山东省地方高校亟须重新考量自身所向,寻求与时代需求的深度契合,在静水流深的高等学府河床上,赋予更多勇立潮头的元素,激起更多的时代浪花,获得更坚定和更长远的发展,以顶天立地的应有之姿引领、支撑和烛照未来。

正是基于这样的背景,两年来,课题组聚焦"山东地方高校发展战略研究"[山东经济社会发展委托课题"山东省地方高校发展战略研究"(18-JS-05)、山东省社会科学规划研究重大委托项目"山东省教育发展战略研究"(18AWTJ57)],分析山东省地方高校的发展现状与问题,探讨山东省地方高校发展战略的影响因素,研究山东省地方高校与高等教育健康协调快速发展的战略选择,探索建立新时代新地方高校发展战略理论,以期推动山东省地方高校与所在区域协同发展,提高合作共建的规模、效率和效益,促进山东省由高等教育大省向高等教育强省转变。

具体研究过程中,课题主持人王坦负责课题总体设计和协调,徐梅具体负责课题的组织和实施。参与课题研究的人员主要是山东省高等教育发展研究中心聊城大学分中心(聊城大学高等教育研究院)的20余名师生。大家通过专题论坛、学术研讨、信息共享、行动参与等途径,围绕山东省地方高校改革发展的实践探索,一同分享和感受山东省地方高校向着"一流"和"高质量"探索的艰辛与成果,也共同基于山东省地方高校发展战略进行总结、提炼。本书第一章

《导言》和第四章《山东省地方高校发展战略要素分析》由路灿云执笔,第二章《山东省地方高校发展战略理论分析》由李涛和魏爱平执笔,第三章《山东省地方高校的发展现状及困境》由高国元执笔,第五章《国内外地方高校发展战略案例分析》由贾保先执笔,第六章《山东省地方高校发展战略的优化对策》由齐如林和徐梅执笔。全书由王坦、徐梅负责统稿,齐如林协助。同时,徐梅带领课题组部分成员,撰写并向山东省人民政府呈阅了《关于实施"鲁西高等教育支持振兴计划"的建议》,为山东省出台高等教育相关政策提供了参考依据。在课题研究过程中,赵长林、李军、高峰、王福建、朱波、刘长安等积极参与,提供帮助;尚雅茹、刘保琛等在资料收集整理方面做了许多工作。

知之深、爱之切,实践愈深入、感受愈深刻,课题组成员身处地方高校一线,对地方高校发展过程中面临的挑战与机遇、困境与进路有着深切的感触与思考。虽然目前关于大学发展战略、山东省高等教育的研究已经有许多成果,但专门就地方高校发展战略进行研究的成果并不多见。大家一面积极投身山东省地方高校的改革与发展实践,一面将实践与观察的经验得失吸纳到课题研究中,同时又用自己的研究成果观照、助推现实工作,担当起地方高校发展研究者和实践者的使命与责任。这其实正是本书的最大特色和优势,真正的高等教育理论都应是蕴含在高校实践之中、饱蘸着高校活生生的现实提炼出来的。在研究过程中,课题组无时无刻不感受着山东省以及全国地方高等教育迅速发展的脉搏。特别是随着山东省推进高等教育高质量发展系列文件的出台、山东省高校高质量发展座谈会的召开、高水平大学和高水平学科的创建以及山东省地方高校的新一轮"合并""重组",课题组的调研数据和研究分析始终处于不断刷新的过程中。这是一种何其幸福的"烦恼",使课题组成员得以在日新月异的高等教育发展大潮中,面对不断发展变化的研究对象,不断以自己的参与和思考,获得源自鲜活实践的启迪与体验,进而丰富对山东省地方高校发展战略理论的思索与研磨。

本书的付梓,代表着写作过程的终结,但这种终结仅仅是一个敲击键盘调度思想过程的结束,无尽的思索依然在路上。我们清楚地知道,地方高校发展战略的研究是一项重大的理论与实践创新工程,本书仍然存在很多需要进一步完善的地方,比如,对山东省地方高校的分类研究尚不到位,缺少对民办高校等地方高校类型的研究,无论是理论建构还是实践改进,都有待继续深化。这些不足和遗憾,连同一路探索的充实和收获,都将化作我们继续投身地方高校发展与改革实践、深化地方高校战略研究的动力和信念，我们将为此继续努力，期待读者能够对本书提出宝贵的意见。

　　最后，感谢中国海洋大学出版社对本书的出版给予的大力支持。感谢为本课题研究提供支持的山东省教育厅相关部门领导，感谢以各种形式为课题组成员调查、收集资料等工作提供方便和帮助的所有人员。

山东省地方高校发展战略研究课题组

山东省教育发展战略研究课题组

2020 年 9 月于江北水城